Handbuch Knast und Strafvollzug

(Über-) leben im deutschen Gefängnis

Bibliografische Information der Deutschen Nationalbibliothek
Die Deutsche Nationalbibliothek verzeichnet diese Publikation in der Deutschen Nationalbibliografie, detaillierte bibliografische Daten sind im Internet über http://dnb.d-nb.de abrufbar.

2. Auflage 2011

info@handbuch-knast.de

Foto auf Seite 41: Dirk Czarnota
Druck und Verlag: Books on Demand GmbH, Norderstedt
ISBN 978-3-8391-2375-1

Inhaltsverzeichnis

inhalt

Vorwort zur 2. Auflage

Inzwischen ist es Februar 2011 und ich bin seit einigen Monaten in Freiheit. Das System Strafvollzug hat mich bis zum letzten Tag, also zum sog. “Endstrafen-Termin” in Haft belassen.

Seit der Erstauflage ist vieles passiert - die Regeln in der JVA Remscheid sind strenger geworden, was viele mit dem dort geschehenen Mord ursächlich in Verbindung bringen. Ich bin dagegen der Meinung, dass dieses Geschehen lediglich der (willkommene) Auslöser für eine Vollzugsanpassung war. Ein von vielen gewünschter Unterbringungs-Einheitsbrei für alle Anstalten in NRW, womöglich bundesweit.

Die Zeichen stehen auf Sturm. Wahnwitzige Taten innerhalb und ausserhalb der Gefängnismauern und die massive Medienpräsenz sorgen für eine weitere Verhärtung der Öffentlichkeitsmeinung. Immer öfter ist zu hören: “Für immer wegsperren!”.
Menschlich verständlich, kann ich als ehemals Betroffener diese Plattitüden trotzdem einfach nicht mehr hören.
Weite Teile der Bevölkerung wollen straffällig gewordene Bürger möglichst bei Wasser und Brot in dunklen Kerkern sehen - sie vergessen dabei, dass der größte Teil der Inhaftierten eben keine bestialischen Mörder oder Kinderschänder sind. Es sind Menschen wie Du und ich, die einmal zuviel die staatlichen Regeln nicht beachtet haben.
Wer mehr Härte will, muss nicht die Haftbedingungen ändern - die sind nach meiner Erfahrung schon schlimm genug - wenn überhaupt, muss die Rechtsprechung geändert werden: warum ist LL eben oft nicht lebenslang? Warum kommen Vergewaltiger oft nicht oder nur kurz in den Knast? Fragen, die ich nicht beantworten kann. Aber zum Thema Haft und Strafvollzug kann ich einiges sagen - und das mache ich nun in der zweiten Auflage dieses Buches ... als Hilfe für Betroffene und ihre Angehörigen. Weil eben nicht alle Gefangenen Bestien sind!

Dirk Glebe

Einleitung

Jedes Jahr werden rund 40.000 Menschen in Deutschland zu unbedingten Haftstrafen verurteilt - sie müssen also definitiv ins Gefängnis. Hinzu kommen solche Fälle, in denen zunächst Bewährung bewilligt, später aber widerrufen wurde. Die bundesdeutschen Vollzugsanstalten bieten mehr als 80.000 Haftplätze, die zum größten Teil auch belegt sind.

Trotz dieser hohen Zahlen gibt es praktisch keine verlässlichen Informationen für Betroffene darüber, was sie in der Haft erwartet und wie das Leben im Gefängnis abläuft.

Zum einen liegt das sicher am durchweg undurchsichtigen und uneinheitlichen System Justizvollzug, aber auch an einer fehlenden Lobby Inhaftierter. Die fehlende Einheitlichkeit im Vollzug ist durch die Föderalismusreform 2006 und die z.T. bereits entstandenen neuen Vollzugsgesetze auf Länderebene noch ausgeweitet worden. Halten liberale Landesregierungen den „Behandlungsvollzug" für das richtige Mittel, setzen andere Länder schlichtweg auf „Verwahrung". Darüber hinaus lassen viele Justizverwaltungen einen Blick „hinter die Mauern" nicht oder nur stark begrenzt zu.

Auch die meisten Strafrechtler haben keine oder nur unzureichende Kenntnisse über das Leben im Knast, so dass Betroffene von ihnen oft keine hinreichende Auskunft bekommen können. Es ist an der Zeit, hier Abhilfe zu schaffen, denn wie überall im Leben ist auch das System Haft besser zu verstehen und damit umzugehen, wenn objektive Informationen greifbar sind. Mit diesem Buch soll ein Versuch dazu gestartet werden. Es kann und will nicht die Welt verbessern oder einen mehrere hundert Jahre alten Knast zu einem modernen Vollzugsgebäude machen – es will aber versuchen, Betroffene und Interessierte besser informiert mit dem Thema Knast umgehen zu lassen. Nicht mehr und nicht weniger!

Stellen Sie sich!

Ihr Urteil ist rechtskräftig, die Ladung zum Haftantritt (Stellungsbefehl) ist eingetroffen – Sie *müssen* ins Gefängnis.
Mein Rat: stellen Sie sich unbedingt innerhalb der Ihnen vorgegebenen Frist in der zuständigen Justizvollzugsanstalt. Wenn Sie stattdessen auf Ihre Festnahme durch die Polizei warten, hat dies viele Nachteile. Zum einen haben Sie dann keinerlei Einfluss mehr darauf, wann, wie und mit welcher Ausstattung Sie Ihre Haft antreten, außerdem wird bei einem Selbststeller nicht von Flucht- oder Suizidgefahr ausgegangen, was sich positiv auf Ihre Unterbringung und mögliche Lockerungen auswirken kann. Erscheinen Sie nicht fristgerecht zum Haftantritt wird ein Haftbefehl gegen Sie erlassen und die Polizei wird Sie unangemeldet und unerwartet dort verhaften, wo sie Sie gerade antrifft, das kann an Ihrem Arbeitsplatz sein, auf dem Geburtstag Ihrer Mutter oder zufällig bei einer Verkehrskontrolle während Sie Ihren Sohn und einige befreundete Kinder ins Schwimmbad bringen wollten. Solche Situationen können uns sollten Sie Ihren Angehörigen und sich ersparen. Gehen Sie konstruktiv mit der Situation um - dann können Sie einige Vorteile für sich herausholen. Ich selbst wurde z.B. zum Strafantritt in die JVA Bielefeld aufgefordert. Ich wohnte und arbeitete aber in Wuppertal, rund 150 km entfernt. Ein kurzer Anruf meines Anwaltes bei der zuständigen Staatsanwaltschaft änderte alles. Der Staatsanwalt war bereit, meine Wohn- und Arbeitsplatzlage zu berücksichtigen und gestand mir zu, die Haft in der nur 10 km entfernten JVA Remscheid anzutreten. Hätte ich es zur Verhaftung kommen lassen, wäre eine solche Absprache völlig ausgeschlossen gewesen.
Wenn Sie Ihre Haft antreten, stellen Sie sich vormittags und möglichst nicht am Wochenende. Als „Zugang" durchlaufen Sie verschiedene Abteilungen, die abends und am Wochenende nicht oder nur beschränkt tätig sind. Am besten ist es, Sie rufen rechtzeitig in der JVA an und stimmen Ihren Haftantritt telefonisch ab. In jeder JVA gibt es – organisatorisch bedingt – Tage mit viel und solche mit weniger Arbeitsaufkommen, man wird dort in der Regel gerne den idealen Zeitpunkt für Ihr Eintreffen mit Ihnen ver-

einbaren. Fragen Sie bei dieser Gelegenheit auch gleich, wie groß ein mitgebrachter Fernseher sein darf, welches Empfangssystem die Anstalt verwendet (SAT, Kabel, DVB-T) und ob ein Kühlschrank erlaubt ist und welche Größe dieser ggf. haben darf. Sollten Sie eine Spielekonsole mitnehmen wollen, fragen Sie bitte auch, welche Modelle dort erlaubt sind. Sofern Sie in den „offenen Vollzug" geladen wurden, klären Sie auch, ob ein Handy erlaubt ist. Zum Schluss notieren Sie sich unbedingt noch, mit wem Sie gesprochen haben. Jetzt sollten Sie alle Informationen haben, um Ihren Haftantritt vernünftig vorbereiten zu können.

Was Sie unbedingt vorher regeln sollten

Die Zeit in Haft ist für Sie, natürlich aber auch für Ihre Angehörigen, ein besonders tiefer Einschnitt in das bisherige Leben. Es liegt nun an Ihnen, ob Sie den Kopf in den Sand stecken und sich in Selbstmitleid vergraben oder ob Sie all das, was Sie selbst beeinflussen können, auch in die Hand nehmen. Ich rate Ihnen, sich auf jeden Fall um die nachstehenden Punkte zu kümmern – am besten noch vor Haftantritt. Aber selbst wenn Sie sich bereits im Vollzug befinden, lassen sich diese Dinge noch regeln – der Sozialdienst der Anstalt wird Ihnen i.d.R. dabei behilflich sein.

Post

Stellen Sie unbedingt einen Nachsendeantrag bei der Post! Die Kosten liegen bei derzeit rund 15,- € für ein halbes bzw. 25,- € für ein ganzes Jahr. Dieses Geld ist aber gut angelegt, denn so wird Ihnen sämtliche Post (keine Pakete!) in die JVA nachgesendet und Sie wissen immer, wer was von Ihnen möchte. Besonders bei zu erwartenden Terminangelegenheiten ist das sehr wichtig, denn Mahn- und Vollstreckungsbescheide gelten rechtlich als zugestellt, sobald sie in Ihrem Briefkasten liegen.
Aus eigener Erfahrung rate ich Ihnen, einen Nachsendeantrag auch dann zu stellen, wenn Ihnen Angehörige bleiben, die sich eigentlich um Ihre Post kümmern könnten. So erfahren Sie wenig-

stens, falls Frau, Freundin oder Kinder auf Ihren Namen (weitere) Verpflichtungen eingehen – so etwas passiert öfter als Sie vielleicht annehmen würden.

Wohnung

Sofern Ihre „4 Wände“ während Ihrer Inhaftierung unbewohnt bleiben, sorgen Sie dafür, dass diese ordentlich verschlossen werden. Trennen Sie alle Elektrogeräte vom Stromnetz (am besten die Sicherungen herausnehmen bzw. abschalten) und stellen Sie Gas und Wasser ab.

Wenn Sie nach der Haft nicht in Ihre Wohnung zurückkehren wollen oder sie schlichtweg nicht solange finanzieren können, kündigen Sie sofort den Mietvertrag, damit keine weiteren Kosten auflaufen. In diesem Fall bitten Sie Menschen, denen Sie vertrauen, sich um die Wohnungseinrichtung zu kümmern. Mitunter kann das Sozialamt die Kosten für eine nötige Einlagerung übernehmen.

Bei kürzeren Freiheitsstrafen (etwa bis zu 6 Monaten) besteht die Möglichkeit der Mietfortzahlung durch Sozialamt oder ARGE. Eine weitere Alternative zur Erhaltung Ihrer Wohnung ist die Untervermietung während Ihrer Haftzeit. Bitte achten Sie darauf, nur an einen Menschen zu vermieten, dem Sie auch vertrauen. Die Untervermietung erfordert die Zustimmung Ihres Vermieters.

Sollten sich noch hilfsbedürftige Menschen in Ihrer Wohnung befinden, informieren Sie unbedingt Verwandte oder Bekannte, die sich kümmern können – ansonsten informieren Sie das Sozialamt, bei Minderjährigen das Jugendamt. Das gleiche gilt für Tiere, die sich noch in Ihrer Wohnung befinden. Können Bekannte die Pflege nicht übernehmen, wenden Sie sich an ein Tierheim in Ihrer Nähe.

Bisherige Bezüge

Ganz gleich, wie Sie bislang Ihr Leben bestritten haben, informieren Sie unbedingt die zuständige Stelle über Ihre Inhaftierung, dazu gehören Ihr Arbeitgeber, das Sozialamt, die Agentur für Arbeit bzw. die ARGE. Wenn Sie in einem Arbeitsverhältnis standen und dieses nun gekündigt wird, bitten Sie Ihren Arbeitgeber um Zusendung der Arbeitspapiere. Insbesondere die Lohsteuerkarte und -bescheinigung ist wichtig um ggfs. eine Lohnsteuerrückzahlung zu beantragen.

Soziale Sicherung Ihrer Angehörigen

Es gibt eine Vielzahl an Beratungs- und Hilfsmöglichkeiten für die Versorgung Ihrer Angehörigen. Umfassende Informationen hierzu würden den Rahmen und den eigentlichen Zweck dieses Buches sprengen. Ich empfehle Ihnen daher den hervorragend aufbereiteten und stets aktualisierten „Wegweiser“ der Bundesarbeitsgemeinschaft für Straffälligenhilfe e.V. – diese umfassende Broschüre können Sie direkt bei der BAG-S anfordern, die Adresse finden Sie hier:

Bundesarbeitsgemeinschaft für Straffälligenhilfe e.V.
Oppelner Str. 130, 53119 Bonn
Tel. 0228-6685380, Fax 0228-6685383

Laufende Verträge

Kündigen Sie alles, was Kosten verursacht und von Ihnen nicht genutzt wird: Strom/Gas/Wasser beim Energieversorger, Telefon- und Internetanschluss, Zeitungs- und Zeitschriftenabonnements, Rundfunkgebühren bei der GEZ sowie laufende Versicherungsverträge. Wichtig: Versicherungen kann man oft auch beitragsfrei „ruhen“ lassen – sprechen Sie mit dem Versicherungsunternehmen. Bei Kapitallebensversicherungen ist eine Kündigung oft mit hohen Verlusten verbunden. Es gibt diverse Anbieter, die solche Versicherungen „aufkaufen“, was oft mehr einbringt.

Kraftfahrzeuge

Wenn Sie ein Auto oder Motorrad besitzen, sorgen Sie für eine sichere Unterstellmöglichkeit und melden Sie es ab. So vermeiden Sie die Verwendung durch andere und das Anhäufen von Kos-

ten für Steuern und Versicherung. Lassen Sie ein abgemeldetes Fahrzeug auf keinen Fall auf öffentlichen Grundstücken stehen! Das Fahrzeug einem Angehörigen zu überlassen, kann zu Problemen führen, wenn laufende Kosten nicht bezahlt werden.
Ich selbst habe mein Auto einem Familienmitglied geschenkt. Leider hat der Beschenkte eine ganze zeitlang „vergessen", dies auf seinen Namen anzumelden – die Kosten für Steuern und Versicherung darf ich jetzt bestreiten.

Schulden

Wenn Sie finanzielle Verpflichtungen haben, informieren Sie Ihre Gläubiger über Ihre Inhaftierung und die damit einhergehende Zahlungsunfähigkeit. Weisen Sie ausdrücklich darauf hin, dass Sie Ihrer Zahlungsverpflichtung nach der Haft wieder nachkommen werden und bitten Sie bis dahin um eine „Stundung".

Was Sie mitnehmen sollten

Wenn Sie Ihre Haft als Selbststeller antreten oder bei Ihrer Verhaftung zuhause die Möglichkeit dazu bekommen, rate ich Ihnen dringend, so viele nützliche Dinge mitzunehmen, wie Sie tragen können. Was Sie bei Haftantritt dabei haben, müssen Sie später nicht mühsam beschaffen und eine ordentliche Grundausstattung erleichtert Ihnen die besonders schwere erste Zeit in Haft ungemein. Nach meiner Erfahrung sollten Sie mindestens folgende Dinge bei Haftantritt mit in die Anstalt nehmen:

Elektrogeräte

Fernseher (zulässige Größe vorher in der JVA erfragen, 19" Bildschirmdiagonale ist meist unproblematisch), DVD-Player, Receiver und ggf. Antenne (Empfangssysteme vorher erfragen), Radiowecker, tragbarer Kühlschrank, Kaffeemaschine, Wasserkocher, Tauchsieder, Leselampe, Rasierapparat, Fön, evtl. Spielekonsole (zulässiges System erfragen). Denken Sie unbedingt an Zubehör:

Fernbedienungen, Scart- und Antennenkabel, einige Mehrfachsteckdosen, Verlängerungsschnur, Glühbirnen, Batterien, Spiele, DVD's. Kaffeemaschine, Wasserkocher und Tauchsieder dürfen maximal 800 Watt Leistungsaufnahme haben.

Kleidung

Im offenen Vollzug gibt es keine Beschränkung, im geschlossenen Vollzug dagegen ist Privatkleidung nicht erlaubt. Ausnahme: 2 Sporthemden, 2 Sportanzüge, 2 Paar Sportschuhe, Badelatschen, 1 Kopfbedeckung (Base-Cap etc.), 3 Paar Socken. Die Kleidung, die Sie bei Haftantritt tragen, wird auf der Kammer für Sie verwahrt und Ihnen für Ausführungen, Ausgänge und Urlaub sowie bei der Entlassung übergeben. Treten Sie Ihre Haft im Winter an, sollten Sie einen kompletten Satz Sommerkleidung mitnehmen – umgekehrt genauso. Diese Kleidung kommt zunächst zur Habe, kann bei Bedarf aber gegen die „Entlassungskleidung" ausgetauscht werden. Nehmen Sie für Ihre Sportschuhe Ersatzschnürsenkel mit.

Dinge zur Haftraumausstattung

1 Tagesdecke, 1 Tischtuch, 1 Zierkissen, 1 Stuhlkissen, Poster, Bilder von Angehörigen (Bilderrahmen ohne Glas), Heftzwecken oder Pinwandnadeln.

Haushaltsgegenstände

2 Kaffeebecher, Müslischale, 5 Liter Kunststoffeimer (zum Kochen), Frischhaltedosen, Nudelsieb, Topf, Pfanne, Besteck, Aschenbecher, Waschbeckenverschluß, Teelichter, Kerzen, Feuerzeug, Schere, Backpapier, Spülschwämme.

Dinge zur Freizeitgestaltung

Bücher, Zeitschriften, Spiele, Spielkarten, CD's und DVD's (nur Originale!), Rätselhefte, Bastel- und Malutensilien.

Schreibmaterial

Briefpapier, Briefumschläge, Glückwunschkarten, Ordner, Locher, Kugelschreiber, Büroklammern, Textmarker, Tesafilm, Klebestift, Briefmarken, Kohlepapier.

Körperpflegeprodukte

Seife, Duschgel, Shampoo, Deoroller (kein Spray!), Rasiercreme, Rasierpinsel, Rasierer + Klingen, Zahnbürsten, Zahnpasta, Körpermilch, Kamm, Haarbürste, Nagelbürste, Nagelschere, Taschentücher und alles, was Sie persönlich für wichtig halten (Aftershave, Haargel, etc.)
Viele dieser Dinge werden Ihnen auch von der Anstalt zur Verfügung gestellt – allerdings in eher geringer Menge und Qualität.

Individueller Bedarf

Wenn Sie gern und viel schreiben, nehmen Sie ruhig eine Schreibmaschine mit, auch elektrische Modelle sind erlaubt, nicht jedoch mit Speicherfunktion. Nehmen Sie ggfs. ausreichend Farbbänder und Papier mit.

Sie spielen ein Instrument? Akustische Gitarre oder Keyboard (mit Kopfhörer!) können Sie sicher mitnehmen, bei anderen Instrumenten fragen Sie besser vorher nach.

Sie werden vielleicht nicht alles ausgehändigt bekommen, was Sie bei Haftantritt dabei haben, akzeptieren Sie die Beschränkungen der Anstalt – insbesondere was Elektrogeräte betrifft. Bei anderen Dingen lohnt es sich mitunter besonders dringlich darum zu bitten, sie behalten zu dürfen. Auch die Bediensteten auf der Kammer haben einen gewissen Ermessensspielraum.

Offener und geschlossener Vollzug

Wer an Gefängnis denkt, hat hohe Mauern, Stacheldraht und enge Zellen im Auge, man denkt an Mörder, Gewalt- und Sexualverbrecher. In weiten Teilen stimmt diese Vorstellung im geschlossenen Vollzug – allerdings sind dort genauso Straftäter anderer Deliktgruppen untergebracht: auch Diebstahl, Betrug, Handel mit Betäubungsmitteln, sogar Fahren ohne Fahrerlaubnis werden mit Haftstrafen im „Geschlossenen" geahndet. Der geschlossene Vollzug bringt für die Insassen und deren Angehörige die größten Einschnitte in das bisherige Leben mit sich. Mit der Unterbringung dort geht der bisherige Arbeitsplatz verloren, man verliert gänzlich die Möglichkeit zur Selbstbestimmung. Inhaftierte im Geschlossenen werden in Einzel- oder Gemeinschaftshafträumen untergebracht, die grundsätzlich verschlossen sind. Die Fenster sind massiv vergittert, die Räume nur karg mit dem Notwendigsten ausgestattet, die Mitbewohner kann man sich i.d.R. nicht aussuchen. Die Toilette befindet sich auf der Zelle und ist auch heute meist nicht baulich abgetrennt, steht also frei im Raum. Rund 8 qm sind somit für lange Zeit Wohnzimmer, Schlafzimmer, Küche und Toilette in einem. Gefangene tragen Anstaltskleidung, meist sog. „Blauwäsche", besser bekannt als Blaumann, Werkstatt- oder Arbeitskleidung. Diese ist ebenso bereits gebraucht wie die Unterwäsche, bei der man auch noch mit gerade 4 Unterhosen pro Woche auskommen muss. Inhaftierte sind an die Anstaltskost gebunden. Persönliche Anliegen müssen schriftlich mittels Formular beantragt werden. Telefonieren ist, wenn überhaupt möglich, meist zeitlich und auf festgelegte Rufnummern beschränkt. Oft werden Telefonate überwacht. Kontakt zu Angehörigen haben Gefangene im geschlossenen Vollzug per Post oder bei den wenigen, kurzen Besuchen in der Anstalt – auch diese werden meist überwacht. Mit etwas Glück kann man in Betrieben der JVA arbeiten und damit etwas Geld verdienen. Es werden dann auch Beiträge zur Arbeitslosenversicherung, nicht aber zur Sozialversicherung entrichtet. Unter Beachtung bestimmter Fristen sind Lockerungen und Urlaub möglich, sofern die persönliche Eignung festgestellt wird. Wer im geschlossenen Vollzug sitzt, ist im klassischen Sinne eingesperrt

und kann i.d.R. gerade einmal 1 Stunde täglich ins Freie – zum Hofgang auf den bewachten Gefängnishof.
Der offene Vollzug ist solchen Gefangenen vorbehalten, die hierfür als geeignet angesehen werden, bei denen also insbesondere keine Flucht- oder Missbrauchsgefahr (weitere Straftaten) befürchtet werden. Der „Offene" ist besonders darauf ausgerichtet, den vorhandenen Arbeitsplatz trotz der Haft behalten zu können und bestehende soziale Bindungen zu erhalten bzw. beides zu erlangen. Im offenen Vollzug gibt es keine Mauern, keinen Stacheldraht, keine Gitter. Die Zellen heißen „Stuben" und werden von den Insassen selbst verschlossen, die Toiletten befinden sich nicht im Haftraum sondern auf dem Gemeinschaftsflur. Die Stuben können mit Pflanzen, Kissen, eigener Bettwäsche und anderen Dingen wohnlich ausgestattet werden. Im Offenen trägt man private Kleidung. In der Freizeit kann man sich fast unbegrenzt auf dem Anstaltsgelände bewegen, Telefonieren ist über öffentliche Fernsprechgeräte praktisch jederzeit und ohne Überwachung möglich. Es gibt Freizeitküchen, in denen man sich zusätzlich oder als Alternative zur Anstaltskost etwas kochen kann. Ausgänge und Urlaub sind im offenen Vollzug nicht die Ausnahme sondern die Regel. Damit ist der Aufbau und Erhalt sozialer Bindungen deutlich einfacher. Der Arbeitseinsatz außerhalb der Anstalt wird gefördert, so kann man auch im Rahmen des sog. „freien Beschäftigungsverhältnis" in Betrieben der freien Wirtschaft einer ganz „normalen" Arbeit nachgehen.
Der offene Vollzug bietet viele Vorteile und Möglichkeiten, trotzdem bedeutet auch er letztlich Haft! Die eingeräumten Freiheiten werden genau überwacht und Verstöße werden strikt geahndet, nicht selten führt ein Fehlverhalten zum sog. „Abschuss", also zur Verlegung in den geschlossenen Vollzug!

Mein dringender Rat: halten Sie sich unbedingt an alle Regeln und Weisungen.
Noch etwas: auch wenn Sie Ihre Haft im „Offenen" antreten, bedeutet das nicht unbedingt, dass Sie dort auch bleiben. Fühlt sich die Anstalt nicht zuständig, z.B. weil Ihre Strafe länger als 2 Jahre ist, kann es durchaus zur Verlegung in den geschlossenen Vollzug

kommen – mitunter in eine sog. „Einweisungsanstalt“, die dann festlegt, wo Sie untergebracht werden. Auch z.B. offene Ermittlungs- oder Strafverfahren führen meist zur Verlegung in den Geschlossenen!

Der erste Tag in Haft

Dies wird einer der schwersten Tage in Ihrem Leben werden und mit Sicherheit werden Sie nie vergessen, wie die Türe an der Außenpforte der JVA sich hinter Ihnen schließt, denn genau in diesem Moment endet Ihre Freiheit. Ab sofort entscheiden die Bediensteten in der Anstalt, wann und was Sie machen. Jetzt sind Sie Befehlsempfänger und Sie werden sich an Anweisungen zu halten haben, die Ihnen zum Teil Bedienstete geben, die Ihre Kinder sein könnten. Jetzt sind Sie Gefangener und mit etwas Glück werden Sie sich mit der Situation arrangieren, daran gewöhnen werden Sie sich nicht!
Nachdem Sie sich nun gestellt haben oder von der Polizei in der JVA abgeliefert wurden, stellt man dort Ihre Personalien fest, danach wird Ihnen alles weggenommen, was Sie mit sich führen und Sie werden zur „Kammer“ gebracht.
Schon jetzt werden Sie feststellen, dass ein „Zugang“ für die Bediensteten etwas völlig normales ist und Sie werden mit viel Routine durch die einzelnen Abteilungen geschleust. Ihre persönlichen Ängste und Befürchtungen durch den Haftantritt interessieren hier kaum jemanden – Sie sind ein Teil der täglichen Arbeit, mitunter auch einfach nur eine lästige Zusatzaufgabe. Als ich im Oktober hierher kam, war ich bereits der 370. Zugang in diesem Jahr – also alles andere als etwas Besonderes und letztlich nur eine (Buch-) Nummer.
Auf der Kammer angekommen, müssen Sie sich vollständig entkleiden. Ihre private Wäsche wird als sog. „Entlassungskleidung“ in einem Kleidersack verstaut und darin für Sie verwahrt. Ab sofort tragen Sie Anstaltskleidung, die – einschließlich der Unterwäsche – schon viele andere Gefangene vor Ihnen benutzt haben. Nach dem Einkleiden wird ein Foto von Ihnen gemacht, manchmal auch erst 1 oder 2 Tage später. Auf der Kammer wird jetzt Ihre „Habe“,

also alles was Sie mit in die Anstalt gebracht haben, sortiert. Der Kammerbeamte entscheidet, was Sie haben dürfen und was nicht. Dabei hat er einen *gewissen* Ermessensspielraum – es ist also absolut sinnvoll, hier aktiv zu werden und nicht jede Entscheidung einfach hinzunehmen. Aber übertreiben Sie es nicht – der Grüne sitzt am längeren Hebel und wenn er auf „stur" schaltet, gibt's nur noch Dienst nach Vorschrift. Neben Ihrer Habe bekommen Sie jetzt auch die Grundausstattung der Anstalt : Matratze, Kopfkeil, Bettwäsche, Geschirr, Kleidung, Reinigungs- und Körperpflegemittel. Man legt Ihnen diverse Formulare zur Unterschrift vor und ich rate Ihnen, nur zu unterschreiben, was Sie auch gelesen, verstanden und für richtig empfunden haben.
Von der Kammer aus geht es jetzt mit allen Dingen, die Ihnen überlassen wurden (ohne Elektrogeräte – diese werden erst überprüft und verplombt) zu Ihrem Haftraum. Sie packen Ihren ganzen Kram auf's Bett und dann schließt sich zum ersten Mal Ihre Zellentüre, die von innen weder Schloss noch Klinke hat – diese Türe werden Sie niemals selbst öffnen. Beim Haftraum ist es wie mit der Anstaltskleidung – er ist von vielen Insassen vor Ihnen genutzt worden und ist daher wahrscheinlich in einem ziemlich dürftigen Zustand. Wie Sie sehen befinden sich Waschbecken und Toilette frei im Raum, mit etwas Glück ist die Toilette auch ein wenig abgetrennt. Wenn Sie in einem Einzelhaftraum alleine untergebracht sind, haben Sie – wie ich finde – großes Glück gehabt. Jedenfalls sollten Sie sich darauf einstellen, dass der Raum, in dem Sie sich gerade befinden, für die Dauer Ihrer Haft Ihr „Zuhause" ist. Rund 8 qm müssen für die nächsten Monate oder Jahre genügen. Nachdem Sie Ihre Ausstattung grob untergebracht haben, wird er diensthabende Abteilungsbeamte Sie zu einem Zugangsgespräch holen. Nehmen Sie etwas Papier und einen Stift mit, denn Sie bekommen jetzt wichtige Informationen zum Ablauf und zur Organisation in der JVA. Er wird Ihnen mitteilen, wann die Essenausgabe erfolgt, wann und wo geduscht wird, wie der Wäschetausch funktioniert, wie Telefonieren und Besuche geregelt sind, usw. Stellen Sie jetzt auch alle Fragen, die Ihnen wichtig sind – soweit der Bedienstete dazu Auskunft geben kann, wird er das auch machen. Sie bekommen jetzt eine Hausordnung, diverse

andere Unterlagen und wieder gibt es einige Formulare, die Sie unterschreiben sollen. Wichtig: erst lesen und verstehen, dann unterschreiben! Im Anschluss an das Zugangsgespräch wird man Sie mit Ihren Angehörigen telefonieren lassen – allerdings unter Aufsicht eines Bediensteten.
Wenn die Zeit es erlaubt, werden Sie danach noch zum Anstaltsarzt gebracht, der Ihre Hafttauglichkeit feststellt und auch entscheidet, ob und in welchem Umfang Sie arbeitstauglich sind. Sie werden bereits festgestellt haben, dass Sie kaum einen Schritt allein gemacht haben – und das wird so bleiben! Sie sind jetzt einer von vielen Gefangenen in der JVA und für die Dauer Ihrer Haft werden Sie nichts mehr selbst bestimmen und vor allem keine Türe mehr eigenständig öffnen.
Der erste Tag im Knast neigt sich dem Ende zu. Wenn Sie mit anderen Gefangenen gemeinsam untergebracht sind, können Sie diese jetzt kennen lernen und ein paar Gespräche führen, einen wirklich freien Kopf werden Sie dafür aber kaum haben, weil Ihre Gedanken „draußen“ sind: bei Ihrer Familie, bei Ihrer verlorenen Freiheit. In der neuen Situation wird die erste Nacht Ihnen kaum Schlaf bringen – erst recht nicht, wenn Sie Ihr „Schlafzimmer“ mit fremden Menschen teilen müssen. Und an diesen blöden Kopfkeil statt Kopfkissen habe ich mich auch nach vielen Monaten nicht gewöhnen können.

Ich habe hier den Ablauf des ersten Tages im geschlossenen Vollzug beschreiben, die Reihenfolge kann natürlich abweichen. Im offenen Vollzug sieht der erste Tag, wie auch die weitere Haft, anders aus – die Unterschiede werden später noch aufgeführt.

Einzel- oder Gemeinschaftsunterkunft

Ihre Unterbringung im Gefängnis kann in einem Einzelhaftraum, in einer Gemeinschaftsunterkunft oder schlimmstenfalls auch in einer Notgemeinschaft erfolgen.
Die gemeinsame Unterbringung mehrerer Gefangener in einem Haftraum ist problematisch und – wie diverse Tötungsfälle in letzter Zeit immer wieder offenbart haben – mitunter auch gefährlich.

Das Foltern und Töten von Mitinsassen sind natürlich echte Ausnahmefälle, trotzdem ist die gemeinschaftliche Unterbringung fast immer mit Schwierigkeiten verbunden, so bringt sie zwangsläufig den Verlust jeglicher Privatsphäre mit sich. In Geldern war ich für einige Zeit in einer s.g. Notgemeinschaft mit einem weiteren Gefangenen untergebracht. Der Haftraum hatte gerade mal eine Grundfläche von rund 8 qm. Den einzigen vorhandenen Schrank mussten wir uns teilen, so dass dieser auch nicht verschlossen werden konnte. Ich befand mich zu dieser Zeit in der Umschulung, mein Spannmann hatte keine Beschäftigung. Als ich an einem Tag früher als gewöhnlich von der Arbeit zurückkam, saß dieser Mitgefangene gerade am Tisch über meinem Ordner mit privaten Unterlagen und Briefen, den er einfach aus dem gemeinsamen Schrank geholt hatte. Eine sehr „explosive" Situation. Philipp W. hatte großes Glück, dass ich nicht zur Gewalt neige – bei vielen anderen Häftlingen hätte er für solch eine „Aktion" mit Sicherheit seine Gesundheit verloren. Gerade in „Gemeinschaft" werden Aggressionen mitunter nicht beherrscht und führen zu körperlichen Auseinandersetzungen. Besonders belastend ist auch die gemeinsame Toilettenbenutzung, vor allem, wenn das Klo frei im Raum steht. Aber auch wenn eine „räumliche Abtrennung" gegeben ist, besteht diese oft nur aus einem Spanplattenverschlag, der kaum geeignet ist, die entstehende Geräusch- und Geruchsbelästigung zu verhindern. Die Raum- und Körperhygiene sind weitere Themen, die immer wieder zu Problemen führen. Wenn Sie auf nur wenigen Quadratmetern mit Menschen zusammen leben, die sich über Wochen nicht waschen und die Kleidung nicht oder nur selten wechseln, führt das ganz sicher zu Auseinandersetzungen.
Auch der Lebensrhythmus unter den Insassen einer Gemeinschaft kann völlig unterschiedlich sein. Viele Knackis schlafen am Tag und nutzen die Nacht zum „feiern" – sie spielen Karten, sehen fern, hören Musik. Pech, wenn Sie dann als einziger in der Nacht schlafen wollen, weil Sie z.B. tagsüber arbeiten müssen. Die Benutzung von Fernseher oder Musikanlagen ist darüber hinaus auf Gemeinschaft immer ein Problem: manche Anstalten erlauben nur 1 Gerät je Haftraum, was zu Streitigkeiten darüber führt, wann und was geguckt wird. In Anstalten wo mehrere Fernseher in einem

Gemeinschaftshaftraum zugelassen sind, schauen mitunter 4 Gefangene gleichzeitig 4 verschiedene Programme – wohl gemerkt in einem winzigen Raum.
In Gemeinschaftsunterkünften wechseln die Insassen mitunter sehr häufig, immer wieder hat man es mit neuen Mitbewohnern im „eigenen Zuhause“ zu tun, auf die man sich einstellen muss. Oft wird dies durch sprachliche Barrieren zusätzlich erschwert, wenn die Mitgefangenen nur eine andere Sprache sprechen. Umschluss wird wegen der etwas größeren Räume oft in den Gemeinschaftszellen gemacht – so kann es durchaus vorkommen, dass Sie als einziger Deutscher unter 4 Russen sind, die nur ihre eigene Sprache verstehen. Jedenfalls werden Sie oft zu den Umschlusszeiten „Gäste“ haben, mit denen Sie vielleicht nichts zu tun haben wollen. In einer Gemeinschaftsunterkunft ist die Gefahr deutlich größer, bestohlen oder abgezockt zu werden als bei Einzelunterbringung. Sie haben nun einmal keinen Einfluss darauf, ob sich Ihr Spannmann an Ihrem Eigentum vergreift, während Sie z.B. in der Dusche sind.
Das Verhalten Ihrer Mitgefangenen kann auch in anderen Bereichen für Sie problematisch werden. Immer dann, wenn sie gegen bestehende Regeln verstoßen, z.B. Drogen konsumieren. Bei Durchsuchungen werden Sie immer mit betroffen sein und dann geraten Sie auch leicht in Verdacht, selbst beteiligt zu sein. Nicht selten verstecken Drogenkonsumenten ihren Stoff auch unbemerkt bei Mitgefangenen, also auch bei Ihnen.
Zuletzt bleibt noch ein Punkt, den ich für sehr problematisch halte: Sexualität. Inhaftierten im geschlossenen Vollzug bleibt hier nur die Selbstbefriedigung und viele verzichten auch in einer Gemeinschaftsunterkunft nicht darauf. Spätestens wenn Ihr Spannmann im Bett über Ihnen stöhnend onaniert, werden Sie sicher darüber nachdenken eine Einzelunterbringung zu beantragen.

Verhalten untereinander

Gefangene untereinander sprechen sich ausnahmslos mit „Du“ an. Besonders im Umgang mit älteren Inhaftierten, teilweise im Rentenalter, war das für mich anfangs befremdlich, trotzdem ist es eben so. Gefangene gehen locker miteinander um, Status und Stellung draußen spielen hier kaum eine Rolle, der verurteilte Arzt oder Steuerberater wird genauso angesprochen und behandelt wie der Lagerarbeiter. Was draußen gilt, ist generell auch im Knast nicht falsch: Höflichkeit und Freundlichkeit kommen auch hier an. Respekt ist im Knast ein wichtiges Thema, man zeigt hier keine Schwäche und respektloses Verhalten kann schnell zu Auseinandersetzungen führen. Verzichten Sie auf Beleidigungen und setzen Sie niemanden herab, wenn andere dabei sind. Ironische Sprüche werden gerade von eher einfach strukturierten Gefangenen oft nicht verstanden und führen dann zu Auseinandersetzungen. Kommt es zu Diskussionen, verzichten Sie auf Gestiken und Drohgebärden – im Knast wird auf eine erhobene Hand oft sofort reagiert.

Ganz wichtig: reden Sie nicht über die Familie anderer Insassen. Gefangene leiden fast immer sehr unter der Trennung von ihren Familien und entwickeln einen extremen Schutzinstinkt mit sehr niedriger Hemmschwelle. Sehen Sie die Frau eines Mitgefangenen im Besuchsraum, verkneifen Sie sich auf jeden Fall nachher Bemerkungen über ihr Äußeres – „Tolle Titten" oder „Fetter Arsch" führen ziemlich sicher zu einer blutigen Nase.....mindestens! Kulturell bedingt ist das Thema Familie besonders bei ausländischen Inhaftierten sehr sensibel. Während meiner Zeit in der JVA Geldern habe ich mit anderen Gefangenen oft Karten gespielt um die Stunden beim Umschluss totzuschlagen. Wir hatten stets eine lustige, freundschaftliche Poker-Runde und im Eifer des Spiels fielen immer wieder einmal kleine Beleidigungen, die nie ernst gemeint waren. „Blödmann", „Arsch", „Asi" – alles nicht so schlimm. Bei der Verabschiedung am Abend gab Fahim, ein super netter, gebildeter, muslimischer Häftling, mir nicht die Hand und sprach auch kein Wort mehr mit mir. Am nächsten Tag machte er mir klar, dass es richtig Ärger gibt, wenn ich nochmal seinen Vater beleidigen sollte. Während des Spiels muss ich ihn wohl einmal „Hundesohn" genannt haben. Ich war mir dessen nicht bewusst und der Begriff war weder wörtlich, noch beleidigend gemeint. Die Situation war trotzdem schwer zu regeln, ich erklärte Fahim, dass unsere Kulturen unterschiedliche Dinge als Beleidigungen auf-

fassen – das von ihm verwendete „Asi“ empfinden wir genauso beleidigend wie er den „Hundesohn“.
Fazit: kulturelle Unterschiede beachten und ansonsten einfach ein freundliches Miteinander pflegen.

Typischer Tagesablauf

In Haft, vor allem im geschlossenen Vollzug, ist praktisch alles fest geregelt. Wo mehrere hundert Menschen unfreiwillig Monate oder Jahre ihres Lebens verbringen, muss natürlich auch der Tagesablauf organisiert werden. Zeitpunkte und Zeiträume variieren von JVA zu JVA, insgesamt ist der nachstehende Tagesablauf aber durchaus typisch:

6.00	Aufstehen
6.10	Frühstücksausgabe
6.40	Ausrücken zur Arbeit
11.45	Einrücken in die Hafträume
12.00	Mittagessen
12.45	Ausrücken zur Arbeit
15.45	Einrücken in die Hafträume
16.15	Freistunde
17.15	Einrücken
18.00	Ausgabe der Abendkost

Danach teilweise Umschluss/ Duschen/ Gruppen

Freitags entfällt die Arbeit am Nachmittag, am Wochenende und an Feiertagen wird nicht gearbeitet (Ausnahme: Hausarbeiter). Umschlusszeiten und -dauer variieren stark. Wer keine Arbeit hat, erkennt schnell, wie eintönig und langweilig die Tage in Haft sein können.

Reden ist Silber, Schweigen ist Gold

Geschwätzigkeit ist schon so manchem zum Verhängnis geworden. Dies ist kein Aufruf zum Lügen, manchmal ist es aber einfach besser, nichts zu sagen. Einige Beispiele sollen Ihnen zeigen,

wie schnell zu große Offenheit zu Problemen führen kann: Ein „Kollege“ in Geldern hatte Drogen konsumiert und musste prompt eine Urinkontrolle vornehmen lassen. Aus irgendeinem Grund war seine UK nicht verwertbar, was er aber nicht wusste. Im Gespräch mit dem Anstaltsleiter erzählte er gleich von privaten Problemen und entschuldigte sich ausschweifend für sein Fehlverhalten. Seinen Abschuss aus der Umschulungsmaßnahme hatte er damit selbst und völlig unnötig herbeigeführt, denn eigentlich wollte man ihm nur sagen, dass seine UK unbrauchbar war und wiederholt werden müsse.
Als ich selbst nach 8 Wochen im Geschlossenen endlich Arbeit bekommen sollte, erzählte ich dem Werkstattleiter stolz, dass ich in einem halben Jahr zur Umschulung nach Geldern verlegt werden würde. Da er aber in seinem Betrieb eine relativ lange Anlernzeit hatte und jemanden für längere Zeit suchte, bekam ich diesen Job nicht und bleib bis zur Verlegung ohne Arbeit und Einkommen.
Befinden Sie sich im offenen Vollzug und es wird wegen Verdachts neuer Straftaten gegen Sie ermittelt? Dann ist der Abschuss in den Geschlossenen sicher. Es gibt keinen Grund, die Vorwürfe dort einzuräumen. „Gestehen“ Sie quasi neue Straftaten, bringt Ihnen das in der Haft keine Vorteile – im Gegenteil: Sie werden als „SVU“ eingestuft, erhalten kein Taschengeld und müssen auch noch Haftkosten bezahlen. Solange Sie schweigen, gilt die sog. „Unschuldsvermutung“ und Sie müssen keine Repressalien hinnehmen, die über den Abschuss hinausgehen. Sie werden als „UVU“ eingestuft.

In der Ruhe liegt die Kraft

Wenn Sie Samstag Mittag im Supermarkt einkaufen gehen, stellen Sie sich gewöhnlich ans Ende der Kassenschlange und warten geduldig bis Sie Ihre Ware auf's Band legen und bezahlen können. So ist's richtig. Sollten Sie versuchen, sich an den anderen Wartenden vorbei zu drängeln, ziehen Sie sich nicht nur deren Unmut, sondern auch den der Kassiererin zu. Aufgebrachte Diskussionen führen nur noch zu längeren Wartezeiten und am Ende können Sie sicher sein, dass die sonst so nette Kassiererin kein

gutes Wort mehr für Sie übrig hat. Das nächste Mal gehen Sie besser in einen anderen Laden.
Wenn Sie in Haft einen Antrag stellen, mit dem Sozialarbeiter oder einem Psychologen sprechen wollen oder sonst ein wichtiges Anliegen haben, ist immer „Samstag Mittag“ und andere sind einfach vor Ihnen dran. Versuchen Sie nicht, sich an den anderen vorbei zu drängeln – Sie werden damit keinen Erfolg haben und sich ganz sicher auch keine Freunde machen. Geben Sie den Menschen, die etwas entscheiden sollen, auch Zeit dafür und bleiben Sie bei nicht ganz so wichtigen Dingen gelassen, wenn es einmal etwas länger dauert. Die Sachbearbeiter im Knast sind immer bemüht, ihre Arbeit zu erledigen – meist haben sie aber eine Vielzahl Anträge und Akten auf dem Tisch und auch ein Beamten-Tag hat nur 24 Stunden. Außerdem gibt es Prioritäten! Wenn ein anderer Insasse kurzfristig Urlaub beantragt, weil er seinen verunglückten Sohn im Krankenhaus besuchen möchte, ist das einfach wichtiger als Ihr Antrag auf Gewährung einer Spielekonsole. Bitte bedenken Sie auch, dass vieles geschieht, ohne dass Sie es direkt mitbekommen. Oft wird das gerade bei wichtigen Entscheidungen, wie z.B. Lockerungsanträgen, vergessen. „Der hat meinen Antrag jetzt schon seit 1 Woche und nichts passiert“...hört man oft in Gesprächen unter Gefangenen. Dabei wird völlig übersehen, dass der Antrag samt Akte bereits im „Umlauf“ ist, denn bei Lockerungsentscheidungen werden Stellungnahmen von verschiedenen Beteiligten (Arbeitsbereich, Psychologe, Sozialarbeiter, Vollzugsdienst, Bereichsleitung, etc.) eingeholt, bevor die Anstaltsleitung den Antrag befürwortet oder ablehnt.
Bleiben Sie ruhig und gelassen.
Das gilt übrigens auch für Beschwerden. Wo Menschen miteinander zu tun haben, kommt es zu Missverständnissen und mitunter auch zu Fehlverhalten. Fühlen Sie sich falsch behandelt und ist eine sofortige Klärung nicht möglich, schlafen Sie eine Nacht darüber. Am nächsten Tag, wenn die Emotionen der Vernunft gewichen sind, sieht so manches anders aus – und wenn nicht, ist immer noch genug Zeit für eine Reaktion oder Beschwerde.
Auch ein Justizbediensteter macht einmal einen Fehler und er wird für sich erkennen, wenn er Sie falsch behandelt hat. Er kann

und wird sich aber von Ihnen nicht zurechtweisen lassen und im Falle Ihrer Auflehnung eher Stärke demonstrieren. Akzeptieren Sie dagegen einen Fehler ohne großes Aufheben, wird er auch das registrieren und in einem anderen Fall womöglich auch mal ein Auge zudrücken. Miteinander ist immer besser als Gegeneinander.

Haftzeit sinnvoll nutzen

Mehrere Monate oder Jahre in Haft verbringen zu müssen ist alles andere als angenehm – Sie sind zahlreichen Beschränkungen unterworfen und besonders zu Beginn scheint es oft, als gäbe es überhaupt nichts Positives mehr.

Viele Inhaftierte resignieren, graben sich förmlich ein. Sie schlafen oft den ganzen Tag und schauen die Nacht durch Fernsehen. Mitunter geben Gefangene sich auf, bewegen sich kaum noch und verzichten – zum Leidwesen aller – auch komplett auf Körperpflege.

Mein Rat: nutzen Sie die Zeit in Haft so sinnvoll wie es nur geht. Bemühen Sie sich um Arbeit! Das sorgt nicht nur für einen geregelten Tagesablauf und damit weniger Langeweile, sondern es bringt auch etwas Geld und Sie leisten Beiträge zur Arbeitslosenversicherung. So haben Sie nach der Entlassung u.U. sofort Anspruch auf Arbeitslosengeld I. Die Justiz bietet auch eine Vielzahl beruflicher Aus- und Fortbildungsmaßnahmen an. Sie haben noch keine abgeschlossene Berufsausbildung? Dann holen Sie das doch jetzt nach! Oder lassen Sie sich umschulen, wenn Sie in Ihrem bisherigen Beruf nach der Haft nicht mehr Fuß fassen können. Es gibt Qualifizierungsmaßnahmen, die auch bei kürzeren Haftstrafen absolviert werden können, warum machen Sie im Knast nicht einfach den draußen teuren und sehr begehrten Schweißer-Schein? Sinnvoller können Sie Ihre Strafzeit kaum nutzen.

Aber auch ohne berufliche Maßnahmen oder Arbeit in Haft kann man in der freien Zeit weit mehr machen als nur in den Fernseher zu schauen. Lesen Sie! Eine Tageszeitung hält Sie auf dem Laufenden und in Haft können Sie diese sogar als Freiabo bekommen. Die JVA unterhält eine Bücherei mit vielen Titeln aus unterschiedlichen Bereichen, die durch das Angebot der Fernleihe noch ergänzt werden. Wenn Ihre finanziellen Mittel es zulassen, machen Sie doch einen Fernlehrgang oder z.B. einen Sprachkurs. Sollten Sie Schulden haben, ist jetzt der richtige Zeitpunkt, sich darum zu kümmern. Darüber hinaus sollten Sie an Problemen arbeiten, die mit Ihrer Straffälligkeit zu tun haben. Nutzen Sie Gesprächs- und Therapieangebote für Suchtkranke oder besuchen Sie ein Anti-Aggressions-Training, wenn Gewalttaten zu Ihrer Verurteilung führten. Solche Maßnahmen helfen, Ihre Probleme für die Zukunft zu lösen und werden vom Vollzug unterstützt und bei Erfolg oft auch mit Lockerungen oder vorzeitiger Entlassung „belohnt".

Ein Spannmann von mir z.B. saß mehrfach wegen Fahren ohne Führerschein in Haft. Seinen letzten Aufenthalt von 6 Monaten im offenen Vollzug nutzte er, um seinen Führerschein zu machen. Die geforderte MPU und die Finanzierung der Fahrschule fielen ihm nicht leicht, letztlich hat er es aber geschafft. Damit hat er die Ursache für seine Verurteilungen beseitigt und die Wahrscheinlichkeit ist hoch, dass er nicht mehr straffällig wird.

Zum Schluss empfehle ich Ihnen noch Sport. Bringen Sie sich in Form und halten Sie Ihren Körper fit. Die Anstalten bieten ein breites Spektrum sportlicher Betätigungen an und wenn die Wartezeiten mal zu lang sind, können Sie wenigstens die Freistunde zum Joggen nutzen oder Fitnessübungen in der Zelle machen. Sport dient Ihrer Gesundheit!

Fazit: es gibt viele Möglichkeiten, auch aus der wahrscheinlich schlimmsten Zeit Ihres Lebens etwas Positives mitzunehmen. Es liegt an Ihnen, ob Sie Ihre Haftzeit sinnvoll nutzen oder nicht!

Recht haben – Recht bekommen

Sie sind zu einer Haftstrafe verurteilt und verbüßen diese im Gefängnis, der Rechtsstaat hat also funktioniert, indem er Gesetze angewendet hat, gegen die Sie verstoßen haben. Es wurde Recht gesprochen. Die Rechtsstaatlichkeit hört an den Gefängnismauern nicht auf, vielmehr wird das Leben in Haft primär durch das Strafvollzugsgesetz geregelt. Nach der Föderalismusreform

2006 haben einige Bundesländer eigene Strafvollzugsgesetze erlassen, so Bayern, Hamburg und Niedersachsen. Ich rate Ihnen dringend, sich ein Exemplar des für Ihr Bundesland maßgeblichen StVollzG zu besorgen und sich mit den Inhalten auseinander zu setzen. Das Gesetz ist Grundlage für Ihr eigenes Verhalten, aber auch dafür, wie mit Ihnen umgegangen wird. Wenn Sie in wichtigen Angelegenheiten Fragen haben, lassen Sie sich von einem Anwalt beraten und geben Sie nichts auf Ratschläge anderer Inhaftierter, denn diese sind meist schlichtweg falsch!
Während meiner Haftzeit hörte ich immer wieder Gespräche unter Gefangenen, in denen über angebliche Rechte gesprochen wird: „Wenn Du Ersttäter bist, müssen die Dich auf Halbstrafe rauslassen", „zum Zweidritteltermin wirst Du auf jeden Fall gelockert, darauf kannst Du bestehen", „die müssen Dir Urlaub geben", „Du hast ein Recht auf eine Einzelzelle", „die müssen Dir LZB geben, wenn Du verheiratet bist", usw. usw. usw.
Um es gleich klar zu sagen: nichts davon stimmt! Es gibt kein Anrecht auf Lockerungen, Urlaub oder eine vorzeitige Entlassung! Die betreffenden Gesetze räumen lediglich die Möglichkeit dazu ein, die Entscheidungen werden immer im Einzelfall und erst nach eingehender Prüfung getroffen. Kein Verantwortlicher wird Ihnen Urlaub geben, wenn er sich nicht von Ihrer persönlichen Eignung überzeugt hat. Auch LZB und die Einzelunterbringung sind an Regeln gebunden, die erfüllt sein müssen – haben Sie einen „roten Punkt", werden Sie auf keinen Fall alleine untergebracht! In den Gesetzen ist stets von „kann" und „soll" die Rede, letztendlich entscheidet die Anstaltsleitung über alle wichtigen Fragen. Im Streitfall bleibt Ihnen die Möglichkeit, eine gerichtliche Entscheidung herbei zu führen, wenn Sie ein Problem nicht mit den Entscheidungsträgern der Anstalt regeln konnten. Ein solcher Rechtsstreit ist kompliziert und langwierig und sollte nur dann eingeleitet werden, wenn Ihnen die Sache wirklich wichtig ist. Bei einer sachlichen und gut nachvollziehbaren Vorgehensweise kann man durchaus sein Recht einklagen. Ich selbst habe die JVA Geldern auf die Unterbringung in einem Einzelhaftraum verklagt und in einem weiteren Verfahren das Land NRW wegen menschenunwürdiger Unterbringung. Beide Verfahren sind in meinem Sinne

entschieden worden.
Allerdings: mit Kanonen schießt man nicht auf Spatzen! Die Klage vor Gericht sollte das letzte Mittel in einem Streit mit der Anstalt sein und nicht immer ist sie sinnvoll und angemessen. Ich habe die Erfahrung gemacht, dass man fast jedes Problem im vernünftigen Gespräch mit den Verantwortlichen vor Ort klären kann. Wenn Sie Recht haben, werden Sie meist auch Recht bekommen. Tragen Sie Ihr Anliegen sachlich vor, nennen Sie Lösungsvorschläge und geben Sie den Entscheidern angemessen Zeit, den Sachverhalt zu prüfen. Geht die Anstalt davon aus, dass Sie im Recht sind, wird sie es i.d.R. nicht zu einem Gerichtsverfahren kommen lassen, sondern lieber Ihrem Anliegen entsprechen.

Erfahrungen sind nicht übertragbar

Ich glaube nirgendwo wird soviel Unsinn erzählt, wie in einem Gefängnis. Viele Inhaftierte lügen was das Zeug hält und für weitere Unwahrheiten sorgen alltägliche Missverständnisse. Besonders häufig kommt es zu Verwirrungen weil Gefangene eigene Erfahrungen als unabänderliche Tatsachen darstellen und gerade das ist völlig falsch! Kein Fall, kein Gefangener gleicht dem anderen, es gibt niemals zwei gleiche Entscheidungen.
In Haft ist es weit verbreitet, eigenes „Versagen“ weder sich selbst noch anderen einzugestehen – stattdessen werden die Folgen als systemisch dargestellt. Ein Beispiel: Ich war erst wenige Wochen in der JVA Geldern, um dort eine Umschulung zu machen, als ich auf dem Flur mit einem anderen Gefangenen ins Gespräch kam. Ich wollte wissen, wie es denn hier mit Lockerungen aussieht. „Kannst'e vergessen“ meinte mein Gegenüber. „Guck' mich an – ich habe in 3 Monaten Endstrafe, bin Ersttäter und trotzdem lassen die mich nicht vor die Tür“. Ich war erschrocken. Wenn so einer schon keinen Ausgang oder Urlaub bekommt – wie soll es dann bei mir aussehen, wo ich mehrfach vorbestraft bin und noch weit länger inhaftiert sein werde als dieser „Kollege“. Erst viel später erfuhr ich, dass er aus dem Iran stammt, weder die deutsche Staatsangehörigkeit noch irgendwelche Papiere besaß, keinerlei soziale Bindungen in Deutschland hatte und von Ab-

schiebung bedroht war. Es lag also nicht am „System Geldern“, dass er nicht gelockert wurde, sondern allein an seinem speziellen Fall. Ich selbst wurde in Geldern außerordentlich früh und umfangreich gelockert.

Geben Sie nichts auf die Darstellungen anderer Inhaftierter. Auch wenn deren und Ihr Fall *fast* gleich sind – so sind sie eben nur *fast* gleich. Und meistens wird auch etwas falsch dargestellt oder weggelassen. Ein Mitinsasse erzählte mir einmal, er sei „nur weil er ein Handy besaß“ aus dem offenen in den geschlossenen Vollzug verlegt, also abgeschossen worden. Mir kam das merkwürdig vor, weil ich wusste, dass gerade in der von ihm angegebenen offenen JVA der Handybesitz für gewöhnlich nicht so hart bestraft wird. Er hatte „vergessen“ zu erzählen, dass er über dieses Handy aus der Haft heraus seine Ehefrau massiv bedroht und sie ihn angezeigt hatte….

Im Geschlossenen hörte ich immer wieder wie behauptet wird: „Verlegung in den Offenen? Kannst'e hier vergessen, hier kriegst'e gar nichts.“ Viele Gefangene glauben so was, weil sie niemanden finden, der das Gegenteil behauptet – aber wie auch? Wer in den Offenen verlegt wurde – ist ja nicht mehr da!

Mein Tipp: reden Sie mit anderen über's Wetter, Autos, Frauen, Sport, nicht über Wahrscheinlichkeiten für Lockerungen, Urlaub und Verlegung in den Offenen. Wenn Sie dazu Fragen haben, wenden Sie sich an Ihren Sozialarbeiter oder den Abteilungsleiter, denn persönliche Erfahrungen im Vollzug sind niemals von einem auf den anderen übertragbar.

Tipps und Tricks

Hier bekommen Sie natürlich keine Tipps, wie Sie Drogen oder Handys in die Anstalt schmuggeln oder verstecken können. Von beidem kann ich Ihnen übrigens nur abraten. Egal, für wie schlau Sie sich auch halten – es gibt keinen Weg und kein Versteck, über das nicht auch die Justizbediensteten Bescheid wissen. Ich möchte Ihnen hier vielmehr ein paar praktische Ratschläge aus eigener Erfahrung geben, die Ihnen in ganz unterschiedlichen Bereichen der Haft dienlich sein können.

Mülleimer

Legen Sie den Zellen-Mülleimer unbedingt mit Zeitungspapier aus. Die von der JVA ausgegebenen Müllbeutel sind extrem dünn und reißen sehr schnell. Evtl. hineingelaufene Flüssigkeiten sammeln sich sonst im Eimer, der oft nicht dicht ist. Fazit: die Sauerei landet auf dem Zellboden.

Toilette

Die Haftraumtoilette ist in vielen Fällen seit Jahren kaum oder nur dürftig gereinigt worden – oft befindet sich am Boden eine dicke, stinkende „Kruste". Gießen Sie soviel heißes Wasser hinein, wie Sie können und geben Sie einige Reinigungstabletten für Zahnprothesen dazu. Lassen Sie alles gut 1 Stunde wirken – dann können Sie mit der Toilettenbürste den Schmutz beseitigen.

Waschbecken

Wenn Sie keinen Waschbeckenverschluss besitzen, können Sie auch einige Lagen Toiletten- oder Zeitungspapier anfeuchten und auf das Abflusssieb drücken. Dieses wird dadurch dicht und das Wasser hält sich zum Spülen, Waschen oder Rasieren im Becken.

Bettwäsche

Wenn Sie die Wahl haben, lassen Sie sich statt der unifarbenen Bettwäsche besser die karierte geben. Sie ist nicht wärmer aber die Reste von Blut- oder sonstigen Flecken anderer Benutzer vor Ihnen sind nicht so deutlich zu sehen.....

Tabak

Gerade wenn Sie nicht rauchen, sollten Sie bei Haftantritt unbedingt einige Päckchen Tabak mitnehmen. Tabak ist die Hauptwährung im Knast und es ist ja bekanntlich immer gut, etwas „Bares" in der

Tasche zu haben.

Haftraumausstattung

Bevor Sie etwas beantragen, erkundigen Sie sich bei anderen Gefangenen oder Ihrem Abteilungsbeamten wie etwas „genehmigungsfähig“ wird. So kann Ihnen eine private „Wolldecke“ abgelehnt werden, als „Tagesdecke“ wird sie aber u.U. genehmigt. Das „Kopfkissen“ muss man vielleicht „Zierkissen“ nennen und den privaten „Pullover“ bezeichnet man besser als „Sporthemd“.

Kohlepapier

Sie sollten *immer* einige Blätter Kohlepapier besitzen, damit Sie wichtige Anträge oder Schreiben „kopieren“ können. So haben Sie stets eine Durchschrift in Ihren Unterlagen und können ggfs. beweisen etwas beantragt oder geschrieben zu haben.

Lockerungen mitnehmen

Wenn Sie vom geschlossenen in den offenen Vollzug verlegt werden sollen, bitten Sie unbedingt darum, vorher gelockert zu werden und wenigstens *einmal* in Urlaub zu gehen. „Mitgebrachte“ Lockerungen sind nach der Rechtsprechung auch nach der Verlegung weiter zu gewähren und Sie entgehen so einer evtl. „Urlaubssperre“, die in vielen offenen Anstalten für Zugänge üblich ist.

Hilfsangebote von draußen

Ehrenamtliche Betreuer

In Deutschland gibt es mehrere tausend Menschen, die für Gefangene eine Brückenfunktion zwischen drinnen und draußen wahrnehmen wollen. Diese Betreuer gehören nicht zur Justiz, sondern leisten ihre Arbeit in ihrer Freizeit ehrenamtlich. Sie organisieren Gesprächsgruppen und Freizeitangebote in der JVA, vor allem bieten sie aber auch eine Einzelbetreuung während der Haft an und sie begleiten Gefangene bei und nach der Haftentlassung. Betreuer nehmen sich die Zeit, Ihnen zuzuhören und helfen Ihnen gerne bei Anträgen, Papierkram und allem, was bei Ihrer Entlassung geregelt werden muss. Wenn Sie Kontakt zu einem Betreuer aufnehmen wollen, wenden Sie sich an Ihren Sozialarbeiter oder einen Anstaltsseelsorger.

Straffälligenhilfe

In vielen Städten gibt es Gruppen und Vereine, die Straffälligen und deren Angehörigen Hilfe während und vor allem auch nach der Haft anbieten. Die Angebote reichen von einer Beratung über praktische Hilfe bei Amtsgängen bis hin zu Wohnangeboten für Entlassene. Die BAG-S hat einen umfassenden Ratgeber herausgegeben, der u.a. rund 400 Adressen von Straffälligenhilfevereinen enthält. Diesen „Wegweiser" können Sie anfordern bei der

Bundesarbeitsgemeinschaft für Straffälligenhilfe e.V.
Oppelner Str. 130, 53119 Bonn
Tel. 0228-6685380, Fax 0228-6685383

Für Inhaftierte und Angehörige ist die Broschüre kostenlos.

Religionsgruppen

Viele Religionsgemeinschaften bieten regelmäßige Gebets- und Gesprächsgruppen in der JVA an. Fragen Sie den Abteilungsbediensteten, was wann angeboten wird und beantragen Sie die Teilnahme.

Gefangenenmission Unna

Dieser christliche Verein bietet Inhaftierten religiöse Schriften und Bücher in vielen Sprachen an. Dieses Material wird kostenlos abgegeben. Besonders beliebt ist die jährliche Kalenderaktion, bei der Sie nicht nur für sich, sondern auch für Angehörige draußen verschiedene christliche Kalender gratis anfordern können. Kalender für Sie werden in die Anstalt geschickt, solche für Ihre Angehörigen gehen per Post direkt dorthin. Im Begleitbrief werden Sie erwähnt, somit ist diese Aktion eine schöne Möglichkeit, zu Weihnachten ein paar Geschenke zu versenden, auch wenn man kein Geld hat. Die Mission hat auch spezielle Kalender für Kinder und Jugendliche. Die Adresse lautet:

Gefangenenmission Unna e.V.
Postfach 3011, 59414 Unna

Freiabonnements für Gefangene e.V.

Der Verein vermittelt und finanziert Abonnements von Zeitungen und Zeitschriften für Gefangene. Im Angebot sind viele verschiedene Titel mit unterschiedlich langen Wartezeiten. Eine aktuelle Liste der verfügbaren Zeitungen und Zeitschriften bekommen Sie auf Anfrage. Ein Abo ist für Sie kostenlos und läuft generell 6 Monate, es kann aber bei Bedarf unkompliziert verlängert werden. Die Freiabos werden aus Spendengeldern finanziert und stehen nicht grenzenlos zur Verfügung. Geben Sie daher Ihre Zeitung nach dem Lesen an andere Gefangene weiter.
Die Adresse des Vereins lautet:

Freiabonnements für Gefangene e.V.
Köpenicker Str. 175, 10997 Berlin

Bücher für Gefangene

Das Komitee für Grundrechte und Demokratie organisiert jährlich die Aktion „Bücher für Gefangene", bei der aus Spendengeldern Buchwünsche erfüllt werden. Es steht ein begrenztes Budget zur Verfügung, trotzdem werden jedes Jahr rund 400 Buchsendungen im Wert von je bis zu 22,- € an Inhaftierte realisiert. Lieferbar sind alle Titel, die im normalen Buchhandel zu bekommen sind. Wenn Sie einen Buchwunsch haben, teilen Sie dem Komitee bitte den

Titel und den Autor, die ISBN und den Preis (max. 22,- €) mit. Holen Sie in der JVA unbedingt vorher eine Genehmigung für den Buchempfang ein. Das Komitee erreichen Sie unter der folgenden Adresse:

Komitee für Grundrechte und Demokratie e.V.
Aquinostr. 7-11, 50670 Köln

Buch- und Medienfernleihe

Der Kunst- und Literaturverein für Gefangene e.V. unterhält eine Ergänzungsbibliothek zu den Anstaltsbüchereien. Angeboten werden dort dzt. 35.000 Titel aus Fach- und Sachbüchern, fremdsprachlicher Literatur, Belletristik, vor allem aber auch viele verschiedene Sprachkurse mit CD's oder Kassetten. Die Fernleihe ist kostenlos, lediglich die Rücksendung der Medien mit der Post müssen Sie selbst finanzieren. Bei Interesse wenden Sie sich am besten gleich an die Fernleihe, von dort bekommen Sie ausführliche Informationen und aktuelle Listen der Sie interessierenden Medien. Der Verein arbeitet ohne öffentliche Zuschüsse. Spenden (auch in Form von Briefmarken) werden gerne angenommen, sind aber keine Bedingung um etwas ausleihen zu können. Hier ist die Adresse des KLVG:

Kunst- und Literaturverein für Gefangene e.V.
Buch- und Medienfernleihe
Beratgerstr. 36, 44149 Dortmund

Mörder sind die besseren Knackis ?!

Als klar war, dass ich ins Gefängnis muss, war das nicht nur eine düstere Aussicht für mich, sondern auch für meine Familie. Immer wieder hörte ich den gut gemeinten Wunsch: „Hoffentlich kommst Du da nicht mit Mördern zusammen".
Im geschlossenen Vollzug habe ich viele Insassen kennen gelernt,

die anderen Menschen das Leben genommen haben. Einer hat seinen Geschäftspartner erstochen, ein anderer seine Eltern getötet, wieder ein anderer hat eine junge, fast entkleidete Frau gefesselt und ihr, auf den Boden kniend, von hinten in den Kopf geschossen. Ein Essenträger hat seine Frau und die zwei Kinder getötet und ein Insasse, mit dem ich länger zu tun hatte, hat einen Geschäftsfreund erst betäubt, dann erschossen und anschließend mittels Bootsmotor als Gewicht im Meer versenkt. Ich habe diese Menschen als angenehme, intelligente Gesprächspartner kennen gelernt und – obwohl ihre Taten natürlich unentschuldbar sind – habe ich mich in ihrer Gegenwart niemals bedroht gefühlt. Nach meiner Erfahrung zeigen Mörder in Haft kaum Aggressionen, ihre Taten scheinen zumeist unglückliche Schicksalsfälle zu sein. Im täglichen Miteinander sind diese Menschen ruhig, bedacht und keinesfalls auf Ärger aus. Ein zu lebenslanger Haft Verurteilter weiß, dass er 15 oder mehr Jahre eingesperrt sein wird – er arrangiert sich mit der Situation und arbeitet aktiv an einer möglichst positiven Prognose mit, um überhaupt und frühestmöglich wieder in Freiheit zu gelangen. Es gibt einige Eindrücke, die ich gewonnen habe und die ich Ihnen nachstehend mitteilen möchte, um die Situation im Zusammenleben mit Mördern wenigstens kurz anzureißen. Als ich in den geschlossenen Vollzug kam, wurde ich in einer Notgemeinschaft mit einem Mörder untergebracht. Die Situation war für uns beide nicht leicht – die Zelle war nur rund 8 qm groß, die Toilette nur mit einem Vorhang abgeteilt, wir hatten beide keine Arbeit. Während ich nur daran dachte (und darüber redete), möglichst schnell wieder in den Offenen zu kommen, musste mein Spannmann, der erst relativ kurz zuvor verurteilt wurde, sich darauf einrichten, 15 oder mehr Jahre in Gefangenschaft zu verbringen. Wir arrangierten uns mit der Situation und kamen ganz gut klar. Auf dem Flur bekam ich dann zufällig ein Gespräch mit, in dem ein anderer LL'er ihm sagte: „Häng Dich nicht an so eine Kurzstrafe". Ich dachte nur: was für ein arroganter Arsch, bin ich nicht gut genug, nur weil ich niemanden getötet habe? Erst viel später wurde mir klar, dass es gar nicht um mich ging. Mittlerweile weiß ich, wie hart es ist, wenn ein „guter Kollege" entlassen wird. Es ist emotionaler Selbstschutz, sich dieser Situation nicht immer

wieder auszusetzen. In den darauf folgenden Wochen entwickelte ich schon fast Neid – LL'er hatten feinste Zellen, die besten Jobs und irgendwie auch einen besonders „guten Draht" zu den Beamten. Ich habe mir aber recht schnell bewusst gemacht, dass man keinem Menschen, der zu lebenslanger Haft verurteilt ist, irgendetwas neiden sollte – wer möglicherweise sein ganzes Leben im Gefängnis verbringen muss, ist einfach nicht zu beneiden. Ein einziges Mal hatte ich eine (verbale!) Auseinandersetzung gleich mit mehreren LL'ern. Wir saßen gemeinsam im Redaktionsraum der Gefangenenzeitung und irgendwie fokussierte sich das Gespräch im Laufe der Zeit auf Betrugsstraftaten. Als einziger Betrüger unter 5 Mördern hörte ich mir eine ganze Zeit lang an, wie die anderen über Betrugsstraftaten schimpften, von „Vertrauensmissbrauch" sprachen und immer spitzer über Betrüger urteilten und deren „arme" Opfer bedauerten. Irgendwann platzte mir der Kragen und ich fragte die Anwesenden, wie sich „unsere" Opfer denn wohl entschieden hätten, wenn sie hätten wählen können durch mich einen Teil ihres Geldes oder durch sie ihr Leben zu verlieren ..... und auch, wie wohl die Angehörigen der Opfer diese Frage beantworten würden.
Diese Diskussion haben wir dann nicht mehr weiter geführt.
Insgesamt kann man sagen, dass „Langstrafen" einfach sehr viel länger und intensiver betreut werden und somit über die Jahre auch eine gewisse Vertrauenswürdigkeit aufbauen, was ihnen den einen oder anderen Vorteil verschafft. Solange sie inhaftiert sind, zeigen sie sich nach meiner Erfahrung keineswegs aggressiv sondern sind besonders bedacht in ihrem Handeln. Sie wollen keinen Ärger und verhalten sich besonders ruhig und sehr angepasst – damit sind sie auch für Bedienstete oft „leichter" im Umgang. Die Meinung draußen, Mörder würden sich in Haft durch extreme Gewalt Respekt verschaffen, gehört ins Reich der Mythen. Ich selbst habe mich in Haft unter Mördern nie bedroht gefühlt, die interessantesten Gespräche hatte ich gerade mit Ihnen.
Am Stichtag 31.03.2008 saßen übrigens 1.985 LL'er in deutschen Gefängnissen, rund 700 Menschen im Jahr werden wegen Mord oder Totschlag verurteilt, die Aufklärungsrate bei diesen Straftaten liegt bei 96,8 % (2007).

Justiz in Zahlen

Die nächsten Seiten geben Ihnen einen groben Überblick über Zahlen, die den Strafvollzug betreffen. Diese Daten werden Ihnen für die Zeit in Haft keine Hilfestellung geben, trotzdem sind es, wie ich meine, interessante Größen und auch hier gibt es so viele frei erfundene Werte unter den Gefangenen, dass ich einfach einmal aufräumen möchte. Hier kommen Fakten auf den Tisch, die das Statistische Bundesamt im August 2008 veröffentlicht hat.

Ausfilterung im Strafverfahren (2006)

Die Polizei registrierte in diesem Jahr 5.255.000 Fälle von Straftaten, wovon sie gerade einmal 2.864.000 aufklären konnte. Filtert man die Mehrfachtaten bereits erfasster Tatverdächtiger heraus, verbleiben so 1.881.000 Tatverdächtige. Da in der Bundesrepublik Kinder unter 14 Jahre nicht strafmündig sind, können diese für Ihre Taten nicht belangt werden – es verbleiben somit 1.795.000 strafmündige Tatverdächtige, die zur Verantwortung gezogen werden können. Allerdings wird nicht jeder Tatverdächtige auch angeklagt, so z.B. etwa weil der Tatverdacht nicht hinreichend oder die Schuld geringfügig war. Somit wurden 2006 gerade noch 732.000 Personen abgeurteilt, zieht man ab, wer freigesprochen oder dessen Verfahren eingestellt wurden, bleiben noch 575.000 Verurteilte übrig, von denen dann 41.000 Menschen in Haft kamen, weil sie zu Freiheits- oder Jugendstrafen ohne Bewährung verurteilt wurden. Das entspricht 7% der Verurteilten und gerade einmal 2% der polizeilich ermittelten Tatverdächtigen. Die Verfahrensdauer in Deutschland beträgt übrigens durchschnittlich ca. 5 Monate in der ersten Instanz.

Justizvollzugsanstalten

In Deutschland gibt es derzeit 199 Einrichtungen zum Vollzug von Freiheits- und Jugendstrafe, Sicherungsverwahrung, Untersuchungshaft, Abschiebehaft und Zivilhaft. Einrichtungen zum Maßregelvollzug bei psychisch Kranken oder rauschmittelabhängigen Straftätern zählen nicht zu den Justizvollzugsanstalten.

Inhaftierte

Im Jahr 2006 befanden sich zum Stichtag 30. November 78.063 Menschen in Haft, davon 13.680 Untersuchungshäftlinge. In 2007 gingen diese Zahlen zum gleichen Stichtag leicht zurück: 75.153 Inhaftierte, davon 12.683 in Untersuchungshaft. 7% aller Knackis verbüßen übrigens eine Ersatzfreiheitsstrafe – sie sitzen also im Knast, weil sie eine verhängte Geldstrafe nicht (mehr) zahlen wollten oder konnten.

Auslastungsgrad der Haftplätze

Am 30.11.2007 waren die bundesdeutschen Justizvollzugsanstalten insgesamt zu 93% ausgelastet – wobei Hamburg eine Belegung von gerade 65% angibt und Bayern als einziges Bundesland eine Überbelegung ausweist, hier liegt die Kapazitätsauslastung bei 109%. Insgesamt geht der Auslastungsgrad leicht zurück, was vor allem auf die Schaffung neuer Haftplätze zurück zu führen ist.

Gefangenenrate

Die Gefangenenrate beziffert die Zahl der Einsitzenden in Justizvollzugsanstalten je 100.000 Einwohner. Am 30.11.2007 betrug sie für Gesamtdeutschland 91, wobei die Rate in den verschiedenen Bundesländern sehr unterschiedlich ist: so sitzen in Schleswig-Holstein 53 von 100.000 Bürgern in Haft, während in Berlin 151 Knackis je 100.000 Bürger zu verzeichnen sind. Insgesamt ist die Gefangenenrate seit 2000 leicht rückläufig.

Laufende Ausgaben für den Justizvollzug

Eine im Justizvollzug am meisten (und oft falsch) genannte Zahl sind die Ausgaben für den Vollzug bezogen auf den einzelnen Gefangenen. Im Durchschnitt geben die Bundesländer jährlich 29.000 € für Personalausgaben und laufenden Sachaufwand aus – wohlgemerkt: pro Inhaftiertem. Dabei schwankt das Engagement auch hier sehr stark. So wendet Sachsen gerade einmal 22.600

€ auf, während Brandenburg sich den Justizvollzug ganze 36.100 € pro Jahr und Inhaftiertem kosten lässt. Ein „Hafttag“ kostet den Steuerzahler zwischen 62,- € und 99,- €, also im Durchschnitt rund 81,- €.

Rückfallhäufigkeit

Fast exakt 60% aller Personen, die zu Jugend- oder Freiheitsstrafen ohne Bewährung verurteilt wurden, werden innerhalb von 4 Jahren erneut wegen einer Straftat gerichtlich sanktioniert, sie sind also rückfällig.

Zweck dieses Buches ist es, unkommentiert über objektive Fakten zu informieren, so habe ich auch die wenigen Kennzahlen auf den vorherigen Seiten hier bezüglich ihrer Aussage nicht weiter bewertet.

Wissenswertes von A - Z

Abpinkeln

Gemeint ist die Vornahme einer Urinkontrolle. Zweck ist es, diese auf Rückstände unerlaubten Drogenkonsums hin zu untersuchen. Wird der Konsum von Drogen nachgewiesen, ist die UK „positiv". Eine „positive UK" hat immer schwerwiegende Folgen für Sie: im geschlossenen Vollzug drohen Diszlipinarmaßnahmen und Lockerungssperre, im offenen Vollzug führt sie generell zum Abschuss.

Abpusten

Hierunter versteht man die Vornahme einer Atem-alkoholkontrolle. Diese erfolgt meist in Stichproben, wenn Sie nach der Arbeit oder einem Urlaub in die Anstalt zurückkehren. Ist bei Ihnen Drogen- oder erhöhter Alkoholkonsum aktenkundig, wird man Sie, vor allem im offenen Vollzug, regelmäßig abpusten lassen. Eine Verweigerung ebenso wie ein zu hoher Promillewert haben in der Regel disziplinarische Folgen und führen im offenen Vollzug grundsätzlich zum Abschuss.

Abschuss

Erzählt Ihnen jemand, dass er „abgeschossen" wurde, so meint er, dass er aufgrund eines Fehlverhaltens vom offenen in den geschlossenen Vollzug verlegt wurde. Im Geschlossenen meint dieser Begriff oft auch den unfreiwilligen Verlust des Arbeitsplatzes oder einer Weiterbildungsmaßnahme. Ursache für einen Abschuss sind meist persönliches Fehlverhalten wie Alkohol- oder Drogenkonsum, Freizeiterschleichung oder der Verdacht neuer Straftaten.

Abteilungsleiter

Der Abteilungsleiter ist für den Verlauf Ihrer Haft sehr wichtig, in der Regel trifft er alle wichtigen Entscheidungen über die Vollzugsplanung, Lockerungen und Verlegung in z.B. den offenen Vollzug. Er vertritt in seinem Zuständigkeitsbereich den Anstaltsleiter, so z.B. regelmäßig auch in der Anstaltsleitersprechstunde. Lassen sich Ihre Anliegen nicht mit den Bediensteten auf Ihrer Abteilung oder mit dem Bereichsleiter klären, können Sie sich an den Abteilungsleiter wenden. Stellen Sie einen Antrag mit Bitte um ein Gespräch und geben Sie möglichst schon kurz an, worum es geht, damit er sich auf den Termin vorbereiten kann. Wenden Sie sich nur mit wichtigen Dingen an den Abteilungsleiter, in einer Bank verlangen Sie auch nicht den Direktor nur um ein paar Überweisungsformulare zu bekommen.

Abzug

Wenn Sie etwas verleihen und es nicht zurückbekommen, hat man Sie abgezogen. Gerade als Neuer ist man oft betroffen. Manche Insassen warten geradezu auf „Zugänge“, bei denen sie einen guten, hilfsbereiten Eindruck machen um Ihnen etwas Tabak, Kaffee oder sonst etwas aus der Tasche zu leiern. Mein Rat: verleihen Sie nichts! In Haft gelten für alle mehr oder weniger gleiche wirtschaftliche Bedingungen und es ist schwer genug, mit dem wenigen auszukommen, was man hat. Im Zweifelsfall ist es besser etwas zu verschenken, dann gibt es auch keine Enttäuschungen.

Acht (8)

Handschellen werden wegen ihrer Form auch einfach als „8“ bezeichnet.

Aggressionen

Streit und Missverständnisse werden unter Gefangenen mitunter nicht ausdiskutiert sondern „handfest“ geregelt. Aggressionen und Gewalt gehören – leider – zum Alltag in den Vollzugsanstalten. Nach meinem Empfinden häufen sich körperliche Auseinandersetzungen vor allem in der Weihnachtszeit und bei längeren Hitzeperioden im Sommer. Sie finden meist beim Hofgang oder

in der Dusche statt. Während die Kontrahenten in der Freistunde meist schnell vom Justizpersonal erkannt und getrennt werden, bleiben Kämpfe in den Duschräumen oft unbemerkt.
Schlägereien werden generell disziplinarisch geahndet und führen im offenen Vollzug automatisch zum Abschuss.
Mein Rat: lassen Sie die Faust in der Tasche und mischen Sie sich nicht in Streitereien anderer Inhaftierter ein.

Alkohol

Besitz und Genuss von Alkohol sind in der Anstalt strengstens verboten und werden praktisch ausnahmslos disziplinarisch geahndet. Besonders im offenen Vollzug heißt die Folge fast immer: Abschuss! Befinden Sie sich im offenen Vollzug, ist der mäßige Konsum von Alkohol im Urlaub (nicht am Arbeitsplatz!) möglich, sofern Ihnen nicht ein „absolutes Alkoholverbot“ als Weisung auferlegt wurde. In jedem Fall haben Sie nicht alkoholisiert in die Anstalt zurück zu kehren. Mein Rat: verzichten Sie während der Haft auf den Konsum von Alkohol. Ein paar Stunden Genuss können Sie vollzuglich erheblich zurück werfen.
Haben Sie ein Alkoholproblem, gehen Sie damit offensiv um. Wenden Sie sich an die Suchtabteilung der Anstalt und/oder besuchen Sie die Gruppe der Anonymen Alkoholiker (AA-Gruppe). Kommen Sie nicht auf die Idee, selbst Alkohol in die Anstalt zu bringen oder gar selber herzustellen. Trinken Sie keinen „Aufgesetzten“.

Aluminiumfolie

Alufolie ist überall im geschlossenen Vollzug verboten. Sie dient manchen Drogenkonsumenten zum Genuss ihrer Rauschmittel, daher ist sie auch beim Einkauf nicht zu bekommen.

Ampel

Im geschlossenen Vollzug ist jeder Haftraum mit einer Lichtrufanlage ausgestattet, die häufig auch als „Ampel“ bezeichnet wird. „Drück mal Licht“ oder „Geh mal auf die Ampel“ heißt es oft, wenn

Sie die Lichtrufanlage betätigen sollen. Tun Sie dies, leuchtet außen oberhalb Ihrer Zellentüre ein Leuchtsignal auf und es geht ein Signal bei der Zentrale oder im Beamtenbüro ein. Haben Sie „Licht gedrückt", können Sie dies nicht mehr rückgängig machen. Der zuständige Bedienstete wird sich bei Ihnen melden und erst dann das Signal löschen. Auf diese Weise kann die Lichtrufanlage als Notsignal verwendet werden. Im allgemeinen Gebrauch dient sie aber vor allem dazu, dem zuständigen Bediensteten zu zeigen, dass Sie Ihren Haftraum z.B. zur Arbeit, für die Freistunde oder zum Duschen verlassen wollen. Modernere Systeme sind mit einer Gegensprechanlage ausgerüstet, über die Sie mit dem Abteilungsbediensteten kommunizieren können. Verwenden Sie die „Ampel" nicht zum Spaß. Kein Beamter findet es lustig unnötig zu Ihnen an die Tür zu kommen.

Anhörung

Unter bestimmten Voraussetzungen können Sie einen Antrag auf vorzeitige Entlassung beim zuständigen Gericht stellen. Generell möglich sind Entlassungen zum Halbstrafen- oder Zweidrittel-Zeitpunkt, sowie ein Reststrafenerlass. Haben Sie einen solchen Antrag gestellt, wird das Gericht je eine Stellungnahme der JVA und der Staatsanwaltschaft einholen und Sie dann zur Anhörung laden. Beim Termin haben Sie dann die Möglichkeit zu schildern, warum Sie entlassen werden sollten. Genaueres zur Vorbereitung und ob bei Ihnen überhaupt eine vorzeitige Entlassung denkbar ist, besprechen Sie am besten mit einem Anwalt. Mögliche Entlassungstermine können Sie auch Ihrem Vollstreckungsblatt entnehmen. Das Ergebnis der Anhörung wird Ihnen schriftlich per Beschluss mitgeteilt.

Anstaltskleidung

Befinden Sie sich in Strafhaft im geschlossenen Vollzug, haben Sie grundsätzlich die Kleidung zu tragen, die Ihnen bei Strafantritt von der JVA ausgehändigt wurde. Ihre Privatkleidung wird Ihnen nicht überlassen, sondern auf der Kammer für Sie verwahrt. Von der Anstalt erhalten Sie in der Regel bereits intensiv gebrauchte Kleidungsstücke in einem entsprechend dürftigen Zustand. Jede JVA hat ihr eigenes Wäschekonzept, meist bekommen Sie eine Jeans, mehrere Blauhosen (Arbeitshosen), T-Shirts, Polohemden, Pullover, einen Parka, einige Socken und 4(!) Unterhosen, sowie nötige Schuhe. Bei Bedarf gibt es auch Sportkleidung, einige Anstalten erlauben auch 1-2 Sätze private Sportkleidung, für deren Reinigung Sie dann selbst aufkommen müssen. Zum Reinigen der Anstaltskleidung erfolgt meist wöchentlich ein s.g. „Wäschetausch". Bekommen Sie in der JVA Arbeit, erhalten Sie ggf. nötige Kleidung zusätzlich. Achten Sie beim Einkleiden auf der Kammer darauf, für Ihre Körpergröße passende Kleidungsstücke zu bekommen. Ein späterer Wechsel ist oft schwer und manchmal gar nicht möglich. Im offenen Vollzug tragen Sie grundsätzlich Ihre private Kleidung.

Anstaltsleitung

Jede JVA hat einen Anstaltsleiter mit einem oder mehreren Vertretern. Ich denke, am besten ist ein Vergleich mit dem Geschäftsführer eines mittelständischen Unternehmens. Der Anstaltsleiter ist der Chef im Haus und verantwortet einen reibungslosen Ablauf. Letztlich ist er zuständig für alle Inhaftierten, aber auch für oft mehrere hundert Menschen Personal. Sein Aufgaben- und Verantwortungsbereich ist groß und natürlich wird er vieles an seine Mitarbeiter übertragen. Selbst die s.g. „Anstaltsleitersprechstunde" wird oft von einem ihn vertretenden Abteilungsleiter übernommen. Sie können davon ausgehen, dass der Anstaltsleiter seinen Mitarbeitern vertraut und ihnen entsprechende Befugnisse zugeteilt hat. Die Entscheidungen seiner Vertreter wird er in aller Regel mittragen.

Anträge

In einer JVA befinden sich oft mehrere hundert Inhaftierte mit den unterschiedlichsten Wünschen und Anliegen, für deren Bearbeitung wiederum eine Vielzahl an Abteilungen und Bediensteten zuständig sind. Für einen einfachen und reibungslosen Ablauf gibt es verschiedene Antragsformulare: spezielle Vordrucke für Ausgangs-, Urlaubs- oder Taschengeldanträge, vor allem aber einen universellen Antrag für alles andere (Formular „VG51“). Lassen Sie sich gleich beim Haftantritt mehrere Antragsformulare aushändigen, Sie werden sie brauchen. Füllen Sie Ihre Anträge gut leserlich, am besten in Druckbuchstaben aus und verwenden Sie für jedes Anliegen einen separaten Antrag. Das vereinfacht und beschleunigt die Bearbeitung. Bedenken Sie das jeder Sachbearbeiter oft eine Vielzahl von Anträgen vorliegen hat, geben Sie ihm zur Bearbeitung ein paar Tage Zeit. Vorzeitige „Erinnerungen“ und „Mahnungen“ führen nur zu einem höheren Arbeitsaufkommen und damit eher zu Verzögerungen. Von wichtigen Anträgen sollten Sie unbedingt Durchschriften (mit eigenem Kohlepapier) anfertigen.

Anwärter

Noch nicht fertig ausgebildete Bedienstete werden Anwärter genannt. Haben Sie Verständnis, dass diese Menschen noch lernen und vieles gar nicht wissen können. Nach meinen Erfahrungen sind Anwärter meist sehr bemüht, oft aber auch sehr strikt in der Vorgehensweise. Für Entscheidungen die nahe an der Grenze des Ermessensspielraumes liegen, wenden Sie sich besser an einen erfahrenen Bediensteten.

Arbeit

In Strafhaft sind Sie grundsätzlich zur Arbeit verpflichtet. Dies liest sich wie ein Zwang und lässt an Filme erinnern, in denen ausgehungerte Sträflinge riesige Steinbrüche mit nur kleinen Hämmern bearbeiten.
In den deutschen Gefängnissen ist Arbeit ein Privileg. Nicht einmal die Hälfte der Insassen hat die Möglichkeit, einer wirtschaftlich ergiebigen Beschäftigung nach zu gehen.
In Haft zu arbeiten bringt viele Vorteile. Die ansonsten lähmende Langeweile wird unterbrochen und die Zeit vergeht einfach sch-

neller. Arbeiter haben mehr Kontakt zu anderen Insassen und damit mehr Abwechslung. Wenn Sie im Knast arbeiten, können Sie nicht mehr zur Zahlung von Haftkostenbeiträgen herangezogen werden (Ausnahmen: Selbstbeschäftigung und ein s.g. „freies Beschäftigungsverhältnis“) und Sie erhalten überdies eine Entlohnung, über die Sie zu einem festgelegten Teil als Haus- oder Eigengeld verfügen können, außerdem wird für den Zeitpunkt Ihrer Entlassung ein Überbrückungsgeld angespart. Je nach Konzept der JVA erhalten Arbeiter ein erweitertes Frühstück, können öfter duschen und z.B. eine Freizeitküche benutzen. Als Arbeiter sammeln Sie in der Regel Freistellungsansprüche an, die ggf. auch als Urlaub oder für eine frühere Entlassung verwendet werden können. Sie leisten Beiträge zur Arbeitslosenversicherung und haben somit unter Umständen nach der Haft entsprechende Ansprüche auf Arbeitslosengeld. Die Vollzugsbediensteten an Ihrem Arbeitsplatz machen sich auch ein Bild von Ihnen, was sich positiv auf Lockerungsentscheidungen auswirken kann.
Fast alle Vollzugsanstalten unterhalten eigene Betriebe und Werkstätten, in denen Gefangene arbeiten können, z.B. Schlossereien, Schreinereien, Wäschereien, Schneidereien und Küchen, zum Teil sogar Kfz-Werkstätten. Außerdem gibt es Positionen, die für den täglichen Ablauf in der JVA wichtig sind, z.B. Hausarbeiter, Essenträger oder Hofreiniger.
Wenn Sie arbeiten wollen, richten Sie einen Antrag an die Arbeitsverwaltung und geben Sie unbedingt Kenntnisse und Fertigkeiten an. Handwerkliche Erfahrungen sind eher gefragt als kaufmännische.
Wurde Ihnen eine Arbeit zugewiesen, nehmen Sie diese Aufgabe ernst! Pünktlichkeit, Sorgfalt und Zuverlässigkeit sind extrem wichtig. Verlieren Sie Ihren Job in Haft, ist das meist endgültig.
Im offenen Vollzug (in manchen Anstalten auch im geschlossenen Vollzug bei entsprechender Eignung) können Sie auch außerhalb der JVA in Betrieben der freien Wirtschaft arbeiten. Hier ist dann auch ein „freies Beschäftigungsverhältnis“ möglich, das weitere Vorteile bringt.

Arbeitsverwaltung

Für die Arbeiter unter den Gefangenen ist dies quasi die Personalabteilung. Die Arbeitsverwaltung entscheidet über Anträge auf Arbeit und teilt Stellen zu. Sie ist zuständig für Freistellungsansprüche und Lohnabrechnungen, sowie auch für die Gewährung von Taschengeld. Sie hält Kontakt zu Betrieben in denen Gefangene tätig sind.
Sollten Sie in einem freien Beschäftigungsverhältnis arbeiten wollen, prüft sie den möglichen Arbeitgeber und schließt mit diesem diverse Vereinbarungen. Mitarbeiter der Arbeitsverwaltung überprüfen regelmäßig Ihr korrektes Verhalten innerhalb eines FB-Verhältnisses.

Arrest

Bei schwerem oder wiederholtem Fehlverhalten kann diese Art der Disziplinarmaßnahmen gegen Sie verhängt werden. Ein Arrest kann einige Tage bis mehrere Wochen dauern und erfolgt durch Unterbringung in einen speziell hierfür vorgesehenem Haftraum, oft auch als „Bunker" bezeichnet. Dieser Raum enthält nur die allernötigsten Einrichtungsgegenstände, i.d.R. keine Rundfunk- und Fernsehgeräte und als Lesestoff lediglich eine Bibel. Während des Arrests haben Sie keinen Kontakt zu anderen Gefangenen (Umschluss) und meist keinen Besuch. Arrest verstehen viele Gefangene als Knast im Knast.

Aufgesetzter

Von Gefangenen selbst hergestellter Alkohol wird häufig als „Aufgesetzter" bezeichnet. Die teilweise abenteuerliche Herstellung basiert auf der Vergärung von Früchten oder auch Brot oder Hefe. Letztere ist deshalb in praktisch jeder JVA verboten. Herstellung, Besitz sowie Genuss von Alkohol jeder Form sind verboten und werden disziplinarisch geahndet. Sollte ein Mitgefangener Sie bitten, seinen „Obstsalat" für einige Zeit zu verwahren, lehnen Sie das unbedingt ab!

Aufnahmeverfahren

Nach dem Eintreffen in der JVA werden Sie baldmöglichst über Ihre Rechte und Pflichten informiert. Sie werden dem Anstaltsleiter oder der Aufnahmeabteilung vorgestellt und/oder von einem Beamten der für Sie vorgesehenen Haftabteilung informiert. Es erfolgt die Einkleidung auf der s.g. „Kammer" und Sie erhalten notwendige Gegenstände für den täglichen Gebrauch. Bei einer ärztlichen Untersuchung wird Ihr Allgemeinzustand festgestellt und Entscheidungen darüber getroffen, ob Sie vollzugstauglich, behandlungsbedürftig, arbeitsfähig und sporttauglich sind. Hier wird auch – vorerst – festgelegt, ob Bedenken gegen Ihre Einzelunterbringung bestehen, wie z.B. bei Suizidgefahr.

Aufschluss

Im geschlossenen Vollzug werden die Haftraumtüren grundsätzlich nur bei Bedarf (Essensausgabe, Duschen, Gang zur Arbeit etc.) geöffnet und danach auch gleich wieder verschlossen. In einigen Anstalten, teils nur auf bestimmten Abteilungen sowie im Wohngruppenvollzug gibt es während mehrerer Stunden in der Freizeit täglich einen generellen Aufschluss. Alle Haftraumtüren werden zum Beginn der Aufschlusszeit geöffnet und bleiben bis zu deren Ende offen. Während dieser Zeit können Sie sich in einem festgelegten Bereich (meist innerhalb der eigenen Abteilung) frei bewegen, andere Insassen in deren Haftraum besuchen oder Besuch von diesen empfangen. Zum Teil ist es möglich, während dieser Zeit die Duschräume oder eine Freizeitküche zu benutzen. So mancher Insasse sieht im Aufschluss ein Stück Freiheit, andere lehnen ihn wegen der „Unruhe" ab. Bei einem Aufschluss bleibt Ihre Türe geschlossen, wenn Sie selbst es wünschen oder wenn eine entsprechende Disziplinarmaßnahme gegen Sie verhängt wurde.

Ausbildung

In vielen Bundesländern gibt es im offenen wie im geschlossenen Vollzug Anstalten, die eine Ausbildung oder Umschulung in anerkannten Berufen anbieten. Diese Anstalten verfügen über speziell ausgestattete Betriebe, Werkstätten und Schulungsräume. Angeboten werden vor allem Ausbildungen und Umschulungen in handwerklichen Berufen, es gibt aber auch Lehrgänge zum Mediengestalter etc. Die Ausbildungen sind fundiert und anerkannt, die Prüfungen finden jeweils vor einem Gremium der zuständigen Handwerkskammer statt. Wenn Sie sich ausbilden oder umschulen lassen wollen, wenden Sie sich an den pädagogischen Dienst Ihrer JVA, an Ihren Sozialarbeiter oder Ihren Betreuer. Man wird Ihre Eignung prüfen und Sie intensiv beraten. Hinderungsgründe könnten neben mangelnder persönlicher Eignung (ohne grundlegende Fähigkeiten beim Rechnen wird man Sie nicht zur Ausbildung zum Elektroniker zulassen) vor allem zeitliche Aspekte sein: Die Lehrgangsdauer darf Ihre Haftzeit nicht übersteigen, sollten Sie sich bereits im Rentenalter befinden, macht eine Ausbildung wenig Sinn und bei z.B. lebenslanger Haft wäre eine solche Maßnahme in den ersten Jahren deutlich verfrüht.
Werden Sie für einen von Ihnen gewünschten Beruf angenommen, sollten Sie das auf jeden Fall nutzen. Ggfs. werden Sie rechtzeitig in die ausbildende Anstalt verlegt. Für die Zeit der Maßnahme erhalten Sie entsprechende Bezüge.

Ausführung

Dürfen Sie die Anstalt für eine bestimmte Tageszeit unter Aufsicht verlassen, spricht man von einer Ausführung. Dies kann aus wichtigem Grund (z.B. Beerdigung eines nahen Angehörigen) oder z.B. zur Teilnahme an einem Gerichtstermin erfolgen. Mitunter erfolgen auch (Fach-) Arztbesuche im Rahmen einer Ausführung. Ausführungen können aber auch zum Zwecke der Vollzugslockerung erfolgen, so werden z.B. Gefangene mit langen Haftstrafen mitunter nach Hause „ausgeführt“, um soziale Bindungen aufrecht zu erhalten.

Ausführungen erfolgen stets in Begleitung eines oder mehrerer Justizbediensteter – oft bleibt der Inhaftierte während der Ausführung (mit Hand- und/oder Fußschellen) gefesselt.

Ausgang

Wird Ihnen genehmigt die Anstalt ohne Begleitung eines Justizbediensteten für eine bestimmte Tageszeit zu verlassen, spricht man von Ausgang. Ausgang kann zweckgebunden (z.B. für Einkauf, Arztbesuch, Gerichtstermin) oder zur freien Gestaltung als Maßnahme der Vollzugslockerung gewährt werden.
Im offenen Vollzug wird oft ein generelles Ausgangskontingent gewährt, über das Sie innerhalb bestimmter Regeln selbstständig verfügen können. Manche Anstalten gewähren z.B. 20 Stunden Wochenausgang, den die Insassen individuell einteilen können.

Ausländeranteil

Der Ausländeranteil an den Verurteilten liegt im Bundesdurchschnitt bei 22,8 % (2006). Subjektiv kommt mir der Ausländeranteil in den (mir bekannten) Vollzugsanstalten viel höher vor. Dies mag daran liegen, dass viele Inhaftierte, die mir ausländisch vorkommen, dennoch die Deutsche Staatsangehörigkeit besitzen.

Badelatschen

Bei Haftantritt sollten Sie unbedingt 1-2 Paar Badelatschen im Gepäck haben. Bedenken Sie, dass Sie i.d.R. Gemeinschaftsduschräume benutzen müssen und nicht unbedingt barfuss auf den Haaren oder sonstigen Hinterlassenschaften Ihres Vorgängers stehen wollen!

Bargeld

Der Besitz von Bargeld im geschlossenen Vollzug ist verboten. Im Offenen ist Bargeld erlaubt, manche Anstalten begrenzen aber die Höhe des mitgeführten Geldes.

Wenn Sie Ihre Haft im geschlossenen Vollzug antreten, sollten Sie etwas Bargeld mitnehmen, damit Sie die Überprüfung und Verplombung Ihrer Elektrogeräte bezahlen und möglichst bald am Einkauf teilnehmen können. Ein Betrag zwischen 100,- bis 200,- € erscheint mir sinnvoll, beachten Sie aber, dass auch dieses Geld Pfändungen unterworfen ist, sobald diese der JVA vorliegen.

Behandlungsvollzug und -untersuchung

Die Meinungen darüber, wie Vollzug ablaufen und was er leisten soll, sind unterschiedlich. Rufen die einen nach Vergeltung und plädieren für einen reinen Verwahrvollzug, sind andere der Meinung, dass die Zeit der Haft so sinnvoll wie möglich genutzt werden sollte um den Inhaftierten optimal auf ein straffreies Leben nach dem Knast vorzubereiten. Verwahrvollzug bedeutet einsperren, nichts tun, rauslassen. Dem gegenüber steht der Behandlungsvollzug, in dem durch ver-schiedene Behandlungsmaßnahmen versucht wird, den Strafgefangenen in die Lage zu versetzen, nach der Haft straffrei zu leben. Am Beginn steht eine Behandlungsuntersuchung, bei der die Persönlichkeit und die Lebensverhältnisse des Gefangenen untersucht werden. An dieser Behandlungsuntersuchung sollten Sie sich aktiv beteiligen! Gehen Sie offen und ehrlich mit Ihrer Situation um, Sie stehen nicht mehr vor Gericht und werden nicht zusätzlich bestraft. Suchen Sie das Gespräch mit Abteilungsbediensteten und Sozialarbeitern. Wenn Sie Probleme haben, sprechen Sie diese offen an. Das Ergebnis der Behandlungsuntersuchung ist die Vollzugsplanung, die mit Ihnen besprochen und in einem Vollzugsplan festgehalten wird. Letztlich wird hier festgelegt, wie der Vollzug für Sie und mit Ihnen gestaltet wird. Die Behandlungsuntersuchung und -planung ist wichtig für die gesamte Dauer Ihrer Haft!

Beirat

Jede JVA hat Anstaltsbeiräte. Hierbei handelt es sich um Personen, die nicht Vollzugsbedienstete sind und quasi als Außenstehende bei der Gestaltung des Vollzuges und der Betreuung der

Gefangenen mitwirken. Sie unterstützen den Anstaltsleiter durch Anregungen und Verbesserungsvorschläge. Beiräte können Sie in der Anstalt besuchen – sogar in Ihrem Haftraum. Gespräche und Schriftwechsel mit dem Beirat werden nicht überwacht, Briefe an den Beirat können Sie also verschlossen abgeben.
Nach meiner Erfahrung ist es eine gute Möglichkeit, bei Unstimmigkeiten, die man anders nicht klären konnte, den Anstaltsbeirat einzuschalten, bevor man gerichtlich (gegen die Anstalt) vorgeht. Setzt sich der Beirat für Ihr Anliegen (z.B. eine Einzelunterbringung) ein, wird der Anstaltsleitung Ihre Ernsthaftigkeit im Vorgehen klar und man wird dort vielleicht eher bereit sein, in Ihrem Sinne zu entscheiden und somit einer Klage entgegen zu wirken.

Belegungsausgleich

Im Zuge einer vorhandenen oder drohenden Überbelegung kann die JVA mit Genehmigung der Aufsichtsbehörde eine Anzahl Inhaftierte in andere Anstalten desselben Bundeslandes verlegen lassen. Eine solche Maßnahme hat für die Betroffenen meist einschneidende Folgen: Verlust des Arbeitsplatzes, andere Unterbringung, weitere Anfahrt für Besucher. Ich selbst habe eine solche „Massenverlegung" im offenen Vollzug der JVA Remscheid beobachten können. In diesem Fall wurde eine ganze Reihe Inhaftierter in die JVA Bielefeld verlegt um Neuzugängen aus der JVA Köln Platz zu machen.

Beschäftigungsstatus

In Haft können Sie „beschäftigt" oder „unbeschäftigt" sein. Als beschäftigt gelten Sie, wenn Sie in der JVA einer zugewiesenen Arbeit nachgehen, an einer schulischen oder berufsbildenden Maßnahme teilnehmen oder in einem freien Beschäftigungsverhältnis stehen. Trifft nichts davon auf Sie zu, sind Sie entweder unverschuldet unbeschäftigt (UVU) oder selbstverschuldet unbeschäftigt (SVU). Wenn Sie selbstverschuldet ohne Beschäftigung sind, also z.B. eine Arbeit abgelehnt oder wegen Fehlverhaltens verloren haben, hat das weitere negative Folgen: mit dem Status

SVU haben Sie keinen Anspruch auf Taschengeld und Sie werden zur Zahlung eines Haftkostenbeitrages herangezogen. Als SVU werden Sie auch dann eingestuft, wenn Sie wegen des Vorwurfs neuer Straftaten oder anderer Verfehlungen aus dem offenen Vollzug abgeschossen werden und Sie dieses Fehlverhalten zugeben.

Bestandskontrolle

Mehrmals täglich wird kontrolliert, ob alle Inhaftierten sich auch in der Anstalt befinden. Während dies im geschlossenen Vollzug ohne Ihr Zutun geschieht, müssen Sie sich im offenen Vollzug zu festgelegten Zeiten im Beamtenbüro oder an der Pforte melden. Kommen Sie dieser Verpflichtung unbedingt und pünktlich nach, sonst droht ein Disziplinarverfahren!

Besuchseinkauf

Im Besuchsbereich der Anstalten des geschlossenen Vollzugs, teils auch im Offenen, stehen diverse Automaten zur Verfügung, aus denen Ihre Besucher für Sie Süßigkeiten, kleine Snacks, Tabak oder Getränke ziehen können. Diese Dinge können Sie beim Besuch verzehren oder mit auf Ihren Haftraum nehmen. Viele Anstalten im Geschlossenen begrenzen die Höhe dieses Besuchseinkaufs, teilweise dürfen Getränke nicht mit in das Hafthaus genommen werden. Entsprechende Informationen erhalten Sie von den Besuchsbeamten.

Betreuer

In manchen Anstalten wird jedem Gefangenen ein Betreuer zugewiesen, dies kann ein Abteilungsbediensteter oder auch z.B. ein Sozialarbeiter sein, der dann für bestimmte vollzugliche Dinge (Langzeitbesuch, Lockerungen, Verlegung in den offenen Vollzug, etc.) direkter Ansprechpartner für Sie ist. Allgemein üblich ist der Begriff Betreuer eher für ehrenamtlich Tätige, die sich auf Ihren Wunsch hin mit Ihnen befassen. Ehrenamtliche verstehen sich vor allem als Zuhörer von Außen, sie sind oft dann gefragt, wenn es keine Angehörigen mehr gibt. Sie versuchen aber auch zu helfen, wenn es um (neue) Kontakte zur Familie oder allgemeine persönliche Probleme geht.

Bereichsleiter

Verantwortlich meist für eine oder mehrere Abteilungen eines Hafthauses sorgt der Bereichsleiter (BL), mitunter auch Hausdienstleiter (HDL) genannt, für den korrekten Anlauf und eine reibungslose Organisation. Er hat vielfältige Aufgaben, für Sie als Inhaftierter ist er vor allem dann Ansprechpartner, wenn sich ein Anliegen auf unterer Ebene nicht klären lässt und bevor der Abteilungsleiter eingeschaltet wird. I.d.R. ist der BL unkompliziert ansprechbar und hat ein offenes Ohr für Ihr Anliegen.

Beruhigungszelle

Auch als „Besonders gesicherter Haftraum" bezeichnet, kommt die B-Zelle vor allem dann zum Einsatz, wenn ein Gefangener eine Gefahr für sich oder andere darstellt und auf andere Weise nicht beruhigt werden kann. Greift ein Insasse jemanden an, kann er an speziellen Vorrichtungen an Armen und Beinen fixiert werden. Die B-Zelle ist „vandalensicher" ausgestattet (Toilette und Waschbecken etc. aus Stahl) und wird ununterbrochen videoüberwacht.

Beschwerden

Über tatsächliche Umstände und Entscheidungen oder auch nicht getroffene Entscheidungen können Sie sich beim Anstaltsleiter beschweren. Sie sollten dies im Rahmen der Anstaltsleitersprechstunde oder schriftlich tun. Wird Ihrer Beschwerde nicht entsprochen, können Sie beim zuständigen Gericht Antrag auf gerichtliche Entscheidung einreichen. In einigen Bundesländern müssen Sie Ihre Eingabe zuvor noch der Aufsichtsbehörde zur Entscheidung vorlegen. Ob dies so ist, erfragen Sie bitte, falls Ihrer Beschwerde nicht entsprochen wird.

Mein Rat: Überlegen Sie stets, ob Ihr Anliegen Ihnen wirklich wichtig ist und ob Ihre Beschwerde überhaupt Aussicht auf Erfolg hat. In jeder JVA gibt es meist mehrere Dauer-beschwerdeführer, die in ihrer Nörgelei eine Art Sport sehen. Lassen Sie sich da nicht mitziehen. Wenn Sie als Nichtraucher in einer Gemeinschaft mit 3 starken Rauchern dauernd untergebracht sind, werden Sie bei korrektem Vorgehen mit hoher Wahrscheinlichkeit eine Änderung herbeiführen können. Die Ablehnung Ihres Antrages auf eine Blümchentapete für Ihren Haftraum dagegen wird jedes Gericht bestätigen.
Formulieren Sie Ihre Eingaben sachlich, fertigen Sie Durchschriften an, halten Sie den korrekten Beschwerdegang ein: Abteilungsbediensteter - Bereichsleiter - Abteilungsleiter - Anstaltsleiter. Erklären Sie, was Sie an der augenblicklichen Situation belastet („beschwert") und machen Sie, wenn möglich, Lösungsvorschläge. Es macht einen Unterschied, ob Sie z.B. schreiben: „Ich will in eine andere Zelle" oder „Ich bin seit 3 Wochen mit 3 stark rauchenden Mitinsassen in einer Gemeinschaftszelle untergebracht. Ich selbst bin Nichtraucher. Der Zigarettenqualm löst bei mir Husten und Augenjucken aus, ich befürchte gesundheitliche Schäden. Ich weiß, dass Haftraum XY unbelegt ist und bitte, mich dort unterzubringen".

Besuch

Ein wichtiges, umstrittenes und völlig unterschiedlich gehandhabtes Thema ist der Besuch. Jede JVA hat ihr eigenes Konzept. Während einige Anstalten an den gesetzlichen Mindestrahmen von 1 Stunde je Monat festhalten, weiten andere die Besuchsmöglichkeiten mehr oder weniger großzügig aus. So sind teilweise bis zu 4 Besuche monatlich mit je bis zu 4 Stunden und mitunter sogar unbeaufsichtigte Langzeitbesuche von mehreren Stunden gestattet. Allgemein gilt folgendes: Besuche Ihrer Angehörigen finden zu festen Besuchszeiten in speziellen Besuchsräumen statt. In der Regel dürfen Sie bis zu 3 Erwachsene sowie mehrere minderjährige Kinder empfangen. Besuchsräume sind meist mit mehreren Tischen nebst Stühlen ausgestattet und werden von Bediensteten eingesehen. Ihre Angehörigen dürfen Ihnen beim Besuch nichts mitbringen, insbesondere keine Lebensmittel und Getränke. Oft sind Automaten aufgestellt, aus denen die Besucher für sich und Sie Getränke, Süßigkeiten, kleine Snacks und Tabak ziehen können. In einigen Anstalten dürfen Sie aus dem Haftraum nichts mit zum Besuch nehmen, in anderen haben Sie die Möglichkeit, nahezu unbegrenzt Kuchen, Pizza, Salate und...und...und mit zu nehmen. Bitte erkundigen Sie sich in Ihrer JVA nach den Bestimmungen. Dies gilt auch für die Kleidung – manchmal ist für Sie Privatkleidung (Sportanzug) gestattet, manchmal muss Anstaltskleidung getragen werden. Lassen Sie Ihre Besucher nichts Unerlaubtes in die Anstalt schmuggeln, die Folgen können drastisch sein: Besuchssperre, Ordnungswidrigkeits- und Strafverfahren. Lassen Sie es nicht darauf ankommen – nutzen Sie die Besuchsmöglichkeit zur Kontaktpflege und Aufrechterhaltung Ihrer sozialen Bindungen.

Bilderleiste

Es ist generell nicht erlaubt, die Haftraumwände mit Postern und dergleichen zu bekleben. Damit Sie trotzdem Fotos, Postkarten, Poster anbringen können, gibt es in jedem Haftraum Holzleisten, an denen Sie diese Bilder befestigen können.

Brenner

Brenner sind meist selbst gebastelte Gestelle auf denen über offener Flamme Essen gekocht wird. Sie sind gleichermaßen verbreitet wie verboten. In einigen Anstalten wurden diese sogar offiziell produziert und vertrieben. Solche Deluxe-Versionen bestehen aus einem U-förmigen Holzgestell mit eingearbeiteter feuerfester Unterlage und Edelstahlstäben als Auflage für das Kochgefäß. Dieser Brenner wird mit mehreren Teelichtern betrieben und funktioniert nach meiner Erfahrung hervorragend. Mit Hilfe der Standard-Knast-Keramikschüssel lässt sich darauf vortrefflich kochen und sogar Eier braten. Andere selbst gemachte Modelle bestehen lediglich aus einer leeren Fisch-büchse, gefüllt mit Margarine als

Brennstoff und Baumwollbändern (aus T-Shirts entnommen) als Docht. Diese Dinger qualmen und stinken bei der Benutzung wie verrückt und sind alles andere als ungefährlich.
Brenner sind, naturgegeben, vor allem da verbreitet, wo die JVA keine (Freizeit-) Küche zur Benutzung zur Verfügung stellt. Bei unauffälligen Inhaftierten werden Brenner oft stillschweigend geduldet.

Briefmarken

Ihre Ausgangspost müssen Sie frankieren. Briefmarken können Sie in der Regel über die Zahlstelle oder beim Einkauf erwerben. Wenn Sie mittellos sind, kann Ihnen die Anstalt auf Antrag einige Briefmarken (etwa 5 Stück pro Monat) zur Verfügung stellen. Sie können sich auch von Angehörigen einige Briefmarken zusenden lassen, selbstklebende Marken sind teilweise verboten, erkundigen Sie sich ggf. danach. Zu viele zugesandte Briefmarken lassen „Geschäfte" vermuten und werden Ihnen unter Umständen nicht ausgehändigt. Bis zu 10 Marken in einem Brief sollten unbedenklich sein.

Buch-Nummer

Kurz nach Haftantritt wird Ihnen eine Gefangenen-Buch-Nummer zugeteilt, die Sie wie eine Kundennummer identifiziert. Die Buch-Nummer erscheint auf jedem Beleg, Ausgangs- und Urlaubsscheinen und muss von Ihnen auf jedem Antrag vermerkt werden.

Bücher

Auch wenn einige Hardliner sie für überflüssig und gefährlich halten, sind Bücher natürlich generell erlaubt. Aus Gründen der Haftraumübersichtlichkeit kann die Menge der Ihnen überlassenen Bücher beschränkt werden, viele Anstalten halten 1 Meter Regalfläche für angemessen. Ein aktuelles Strafvollzugsgesetz sollten Sie dabei haben. Buchbestellungen über den Versandhandel sind meist -auf Antrag- möglich. Bücher können Sie auch über die JVA-

Bücherei oder die Fernleihe für Gefangene bekommen.

Bücherei

Nahezu jede JVA unterhält eine Bücherei in der Sie Bücher, zum Teil CD's und mittlerweile oft sogar DVD's ausleihen können. Je nach Konzept der JVA können Sie die Bücherei selbst aufsuchen oder aus einem Katalog Medien anfordern, die Ihnen dann gebracht werden. Behandeln Sie die Medien pfleglich und halten Sie die Leihfristen ein, sonst kann Ihnen die Büchereibenutzung zeitweise untersagt werden. Bücher, die als Abbildungen Symbole oder Tierbilder enthalten sollten Sie vor dem Ausleihen kontrollieren. Oft fehlen da mehrere Seiten, die als Zeichnungs- oder Tattoo-Vorlagen herausgetrennt wurden.

Bunker

Ein besonders spartanisch ausgestatteter Haftraum, in dem Sie vorübergehend untergebracht werden, wenn gegen Sie ein Arrest erlassen wurde.

Computer

PC's und Notebooks im Haftraum sind generell verboten, Ausnahmen kann es im offenen Vollzug geben für Inhaftierte, die an einer schulischen oder berufsbildenden Maßnahme teilnehmen. Einige Anstalten unterhalten Computerräume und geben den Inhaftierten damit die Möglichkeit Briefe und Bewerbungen am PC zu erstellen. Internetanschlüsse stehen nicht zur Verfügung. In Bereichen der Aus- und Fortbildung stehen überall dort, wo es nötig ist, gut ausgestattete Computer zur Verfügung. So z.B. bei Lehrgängen im CNC-Bereich oder bei der Ausbildung zum Elektroniker oder Mediengestalter.
Bringen Sie keinesfalls unerlaubt einen Computer in die JVA!

Disziplinarmaßnahmen

„Dafür bekommen Sie einen Gelben" heißt es immer wieder im Vollzug, wenn ein Inhaftierter gegen ihm auferlegte Pflichten verstößt. Gemeint ist die Einleitung eines Disziplinarverfahrens, bei dem der gegen Sie gerichtete Vorwurf und Ihre Stellungnahme dazu in einem gelben Formular („Gelber") festgehalten werden. Die Anstaltsleitung entscheidet dann, ob und ggf. welche Disziplinarmaßnahmen gegen Sie verhängt werden. Dies kann eine einfache Verwarnung sein, aber auch z.B. eine Einkaufssperre, Entzug von Lesestoff oder Rundfunkgeräten, Umschlusssperre, Arbeitsentzug, Besuchsverbot oder sogar Arrest. „Gelbe" können auch darüber hinaus weitere negative Folgen haben. Sie gelangen in Ihre Personalakte und damit auch vor Gericht, wenn es um Entscheidungen z.B. über eine vorzeitige Entlassung geht. In einigen Anstalten wird die Ansammlung von „Gelben" zusätzlich geahndet, so kann es z.B. sein, dass Sie bei Unterbringung im offenen Vollzug beim mehrfachen Verstoß gegen ein Verbot oder eine Weisung in den geschlossenen Vollzug verlegt werden. Also: halten Sie sich an die Regeln und vermeiden Sie somit Disziplinarverfahren gegen Sie!

Drehung

Im Knast werden fast ausschließlich selbst gedrehte Zigaretten geraucht. Fragt Sie jemand: „haste mal ne Drehung?", bittet er Sie um etwas Tabak und ein Blatt Zigarettenpapier. Es gehört zum guten Ton unter Inhaftierten, eine „Drehung" abzugeben, wenn es die eigenen Mittel ermöglichen und der Fragende nicht als „Schnorrer" bekannt ist.

Drogen

Hereinbringen, Besitz, Handel und Konsum von Drogen aller Art (auch Alkohol!) sind strengstens verboten und werden bei Bekanntwerden bestraft. Trotzdem dürfte es wohl kaum eine drogenfreie JVA geben. Beim Besuch, bei der Rückkehr aus dem Urlaub und auf anderen Wegen werden immer wieder Drogen in die Anstalten geschmuggelt und sorgen hier für mehr oder minder große Probleme.

Durchgang / Durchgangszelle

So ziemlich jede JVA verfügt über spezielle Hafträume, in denen Gefangene vorübergehend untergebracht werden. In einer solchen Durchgangszelle wird man in der Regel untergebracht, wenn man als „Zugang“ in die JVA kommt und noch nicht festgelegt wurde, in welchem Haftraum auf welcher Abteilung man für die Dauer der Haft leben soll. Gefangene, die sich nur vorübergehend (z.B. auf einem Transport in eine andere Anstalt) in der JVA befinden, landen ebenfalls in einer Durchgangszelle. Auch hier sind die Konzepte der Anstalten völlig unterschiedlich: oft sind die Durchgangsbereiche besonders schäbig, manchmal aber auch in einem außerordentlich gutem Zustand und großzügig (z.B. mit TV) ausgestattet. Lassen Sie sich also vom Zustand einer Durchgangszelle nicht beeindrucken, Sie werden dort in der Regel nur wenige Tage verbringen.

Durchsagen

In Ihrem Haftraum und/oder auf den Fluren der Anstalt befinden sich Lautsprecher über die verschiedene Durchsagen vorgenommen werden. So erfolgen Aufforderungen zum Arbeitsausrücken, zur Freistunde etc. auf diese Weise, vor allem aber auch Änderungen im Tagesablauf oder andere wichtige Hinweise. Mancher Insasse fühlt sich von den mitunter sehr häufigen Durchsagen gestört, trotzdem: das Manipulieren oder Abkleben der Lautsprecher ist natürlich nicht erlaubt!

Durchsuchung

Im Strafvollzug gibt es eine Reihe mehr oder weniger sinnvoller Verbote, gegen die immer wieder verstoßen wird. Es ist daher zu 100% sicher, dass es immer wieder zur Kontrolle Ihres Haft-

raumes kommt und Sie mitunter auch persönlich durchsucht werden. Häufigkeit und Intensität dieser Durchsuchungen hängen auch davon ab, wie sehr man bei Ihnen von einer Motivation ausgeht, Unerlaubtes zu besitzen. So wird ein Insasse mit Drogenproblematik generell eher ins Auge gefasst als ein Betrüger. Die mehr oder weniger regelmäßigen Haftraumkontrollen werden Sie mitunter gar nicht bemerken, da diese oft in Ihrer Abwesenheit vorgenommen werden. Persönliche Durchsuchungen erfolgen eher bei einem konkreten Verdacht und oft prinzipiell, wenn Sie die Anstalt verlassen haben und / oder Sie dort besucht wurden. Ihre Besucher haben im Übrigen auch mit einer Durchsuchung zu rechnen.
Während eines Aufenthaltes in der JVA Geldern habe ich miterlebt, wie der Haftraum eines anderen Insassen mehrfach komplett leer geräumt und der gesamte Inhalt auf der Kammer mittels Röntgengerät kontrolliert wurde. Anschließend wurde alles zurück gebracht und der Gefangene konnte seine Zelle von Grund auf neu einräumen. Im Einzelfall werden also keine Mühen gescheut, einem Verdacht intensiv nachzugehen.
Im offenen Vollzug werden Sie die Anstalt mitunter oft verlassen und dorthin zurückkehren ohne jede Kontrolle. Fühlen Sie sich dadurch nicht veranlasst, Verbotenes mitzubringen, irgendwann werden auch Sie ganz sicher unerwartet kontrolliert!

Duschen

Einige wenige moderne Anstalten haben integrierte Nasszellen mit Duschmöglichkeit in den Hafträumen, dies ist aber die Ausnahme. In der Regel werden Sie zu genau festgelegten Zeiten Sammelduschen verwenden müssen. Mitunter ist die Duschzeit auf wenige Minuten begrenzt. Einige Anstalten sind der Meinung 2 x Duschen pro Woche genügt, andere erlauben es täglich. Arbeiter dürfen oft täglich duschen, Küchenpersonal und Hausarbeiter fast immer. Am Wochenende kann meist nicht geduscht werden. Badewannen stehen in der Regel nur auf den Sanitätsabteilungen und nur für ärztlich verordnete Anwendungen zur Verfügung.

Duschklammer

In den Gemeinschaftsduschen schaltet das Wasser oft nach ganz kurzer Zeit selbst ab. Um den Duschknopf nicht immer wieder neu drücken zu müssen, verwenden Inhaftierte mitunter selbst gebastelte, natürlich verbotene, Duschklammern. Diese kleinen Metallklammern kann man mitunter über die Haushandwerker bekommen.

DVD

Immer mehr Anstalten erlauben die Verwendung von DVD-Geräten und Filmen. Filme dürfen maximal das FSK 16 Zeichen haben, FSK 18 und nicht gekennzeichnete DVD's sind generell nicht erlaubt, was auch den Konsum von Pornografie ausschließt. Es sind ausschließlich Originalfilme gestattet, keine „gebrannten" DVD's. DVD-Geräte dürfen nur abspielen, Aufnahme- und Brennfunktion sind nicht gestattet. Anstalten, die DVD erlauben, halten meist auch in ihren Büchereien Leihfilme bereit.

Eigengeld

Die Verbuchung von Bezügen (Lohn, Gehalt, Rente etc.) und anderer Gelder auf dem Haftkonto des Gefangenen werden mitunter nur schwer durchschaut. Eine Aufteilung erfolgt generell zwischen Hausgeld und Eigengeld. Alles, was nicht als Hausgeld, Haftkostenbeitrag, Unterhaltsbeitrag oder Überbrückungsgeld in Anspruch genommen wird, ist dem Eigengeld gutzuschreiben. Eigengeld ist vollständig pfändbar! Liegen Pfändungen vor, darf die JVA Sie nicht über Eigengeld verfügen lassen. Dies gilt auch, wenn z.B. Angehörige für Sie Geld eingezahlt haben, welches einem bestimmten Zweck dienen soll, z.B. der Beschaffung von Bastelmaterial. Liegen keine Hinderungsgründe vor, können Sie über Ihr Eigengeld frei verfügen, jedoch nur beschränkt für den im geschlossenen Vollzug üblichen „Einkauf".

Einkauf

Sofern Sie über Hausgeld oder Taschengeld verfügen, können Sie am regelmäßigen Einkauf in der JVA teilnehmen. Dieser findet meist 2 x monatlich statt. Manche JVA hat spezielle Einkaufs-räume, die man wie einen kleinen Supermarkt benutzen kann (natürlich ohne Bargeld!) – gängiger ist aber der Einkauf mittels Bestellliste. Auf dieser Liste sind alle Produkte aufgelistet und mit Preisen versehen, die bestellt werden können. Dort wird die gewünschte Menge eingetragen und die Waren dann am Einkaufs-Tag vom Kaufmann in Kartons geliefert. Der Gesamtkaufpreis wird vom Hausgeld abgebucht. Der JVA-Kaufmann (der nicht zur Justiz gehört!) ist der einzige Anbieter und muss keine Konkurrenz fürchten. So ist es nicht verwunderlich, dass es über Qualität und Preise der angebotenen Waren immer wieder Diskussionen und Beschwerden gibt, insbesondere was Frischwaren (Obst, Gemüse) sowie Brot und Kuchen betrifft.

Elektrogeräte

Fernseh- und Radiogeräte sind in jeder deutschen Haftanstalt gestattet, oft dürfen Sie aber auch eine Vielzahl anderer Geräte besitzen und verwenden: Tauchsieder, Wasserkocher, Kaffeemaschine, Leselampe sind ebenfalls fast überall gestattet. Weit verbreitet sind auch Elektrorasierer und Haarschneidemaschinen, die manche Anstalten jedoch nicht zulassen, weil diese Geräte mitunter zu Tätowiermaschinen umgebaut werden können. Einige Anstalten erlauben auch Haartrockner, elektrische Zahnbürsten, DVD-Player und sogar Kühlschränke bzw. Kühlboxen. Fragen Sie bei Bedarf einfach, was in der Anstalt erlaubt ist. Im geschlossenen Vollzug wird die Benutzung sämtlicher Elektrogeräte davon abhängig gemacht, dass diese verplombt werden. Für die Verplombung fallen Kosten an, die Sie selbst zu tragen haben. Fast überall bestehen Obergrenzen, welche Leistungsaufnahme die einzelnen Geräte haben dürfen – bei Tauchsiedern und Wasserkochern, sowie Kaffeemaschinen liegt diese Grenze meist bei 800 Watt. Solche Geräte mit höherer Leistung werden Ihnen in der

Regel nicht überlassen. Radiogeräte dürfen i.d.R. keine abnehmbaren Boxen haben, Kopfhörer müssen kabelgebunden sein, da funk-betriebene Geräte generell verboten sind.
Die Haftanstalten arbeiten meist mit einem ortsansässigen Elektrohändler zusammen, über den Sie im Bedarfsfall zugelassene Geräte beziehen können. Dessen Angebot ist auf wenige Typen beschränkt und ein Preisvergleich lohnt sich fast immer. Oft ist es besser, Geräte im Versandhandel oder über Ihre Angehörigen zu beschaffen.

Endstrafe

Egal wie lang Ihre Strafe auch ist, irgendwann werden Sie entlassen. Wenn Sie keine vorzeitige Entlassung erreichen konnten, gehen Sie „auf Endstrafe“. Den genauen Termin können Sie Ihrem Vollstreckungsblatt entnehmen. Ausnahme: zu lebenslanger Haft Verurteilte und Sicherungsverwahrte.

Entlassungsvorbereitung

Das StVollzG sieht vor, dass Sie zur Vorbereitung auf Ihre Entlassung „gelockert“ werden sollen. Auch die Verlegung in eine Abteilung oder Anstalt des offenen Vollzugs kommt hier in Betracht. Außerdem kann Ihnen Sonderurlaub gewährt werden. Dies kann innerhalb 3 Monaten vor der Entlassung bis zu 1 Woche sein, bei Freigängern innerhalb von 9 Monaten vor der Entlassung sogar bis zu 6 Tage pro Monat.
Ob und welche Entlassungsvorbereitungen Für Sie in Frage kommen wird in einer Konferenz festgelegt, sprechen Sie daher rechtzeitig vorher mit Ihrem Sozialarbeiter.
Einen Anspruch auf Gewährung von Lockerungen und/oder Urlaub gibt es nicht!

Entweichung

Die Nicht- oder nicht freiwillige Rückkehr aus dem Freigang, Ausgang oder Urlaub wird als Entweichung bezeichnet. Sie sollten

es auf keinen Fall dazu kommen lassen, denn die Folge ist auf jeden Fall der Verlust Ihrer Lockerungen und im offenen Vollzug der Abschuss.
Wenn Sie Probleme haben, deren Regelung Zeit benötigt, reden Sie mit der Anstaltsleitung. Womöglich ist man dort bereit, Ihnen mit (Sonder-) Urlaub zu helfen.

Erbschein

Es kommt natürlich regelmässig zu Entlassungen oder Verlegungen von Gefangenen, die dann einen Teil ihrer Habe, insbesondere Elektrogeräte, an befreundete Knackis verschenken wollen. In der Regel ist hierzu ein offizieller Antrag und die Genehmigung des Bereichsleiters erforderlich. Auf einer Schenkungsurkunde (Erbschein) wird dann die -kostenlose- Übergabe dokumentiert.

Ermessensspielraum

Die Strafvollzugsgesetze regeln praktisch jeden denkbaren Fall, jede mögliche Entscheidung. Liest man die Gesetzestexte, fällt schnell auf, dass es kaum absolute Bestimmungen gibt, vielmehr ist meist von „kann“, „soll“ oder „darf“ die Rede. Diese Formulierungen lassen viel Spielraum für individuelle Ent-scheidungen. Was manchmal als Grundlage zur Willkür getadelt wird, bietet letztlich die Möglichkeit, für einen Gefangenen zu entscheiden. Wer absolute Regelungen fordert, sollte sich der Folgen bewusst sein. Der Gesetzgeber wird niemals ins Gesetz schreiben: „der Gefangene muss gelockert werden“ – viel eher käme es dann zu Formulierungen wie: „der Gefangene darf nicht gelockert werden“. Neben dem rechtlichen Ermessensspielraum gibt es viele weitere Bereiche, in denen mal so – mal so entschieden wird. Akzeptieren Sie diese Tatsache und fordern Sie keine „einheitlichen“ Entscheidungen ein. Im Zweifelsfall wird das eher zu einem generellen Verbot als zu einer allgemeinen Erlaubnis führen. Ein Beispiel: Ich selbst bin frei von Aggressionen, ich löse meine Konflikte im Gespräch oder gehe ihnen aus dem Weg. Ich schreibe viel und sammle Zeitungs-artikel zu Themen, die mich interessieren. Wenn ich aus einer Rasierklinge und dem Stiel einer Zahnbürste eine Art „Skalpell“ bastle um Zeitungsausschnitte anzufertigen, ist dies unproblematisch. Wird aber ein solches „Werkzeug“ von einem Insassen gefertigt, der seine Opfer mit einem Messer verletzt oder getötet hat, wird man ihm nicht erlauben, dieses zu besitzen. Eine einheitliche Lösung kann hier zwangsläufig nur ein generelles Verbot sein. Ermessensspielraum kann zu Ungerechtigkeiten führen, generell ist es aber ein gutes Instrument für individuelle Entscheidungen!

Fahrdienst

Jede Anstalt unterhält einen Fahrdienst für eigene Zwecke und auch für (Einzel-) Transporte von Gefangenen. In mancher JVA erledigt der Fahrdienst – in begrenztem Umfang – auch Besorgungen für Inhaftierte.
Während meiner Zeit in der JVA Geldern habe ich mir vom Fahrdienst z.B. einige Pflanzen, Schreibpapier und Farbbänder für meine Schreibmaschine beschaffen lassen. Ein Luxus, den längst nicht jede Anstalt anbietet!

Fahrerlaubnis

Wenn Sie die Anstalt regelmäßig verlassen dürfen, z.B. um eine Arbeitstelle aufzusuchen, haben Sie generell mit öffentlichen Verkehrsmitteln zu fahren. Wollen Sie für solche Strecken Ihr eigenes Kfz verwenden, benötigen Sie von der JVA eine Fahrgenehmigung, die Sie bei der Arbeitsverwaltung beantragen. Fahrten während Ihres Urlaubes können Sie grundsätzlich mit dem eigenen Fahrzeug antreten.

Fernleihe

Der Deutsche Kunst- und Literaturverein bietet eine Fernleihe für Gefangene an. Dort können Sie Listen zu verschiedenen Themenbereichen anfordern und vorhandene Bücher und Medien anschließend kostenlos ausleihen, der Versand erfolgt per Post.

Bitte beachten Sie, dass Sie sich die Buchleihe in der JVA genehmigen lassen müssen, damit die Sendungen auch angenommen und Ihnen ausgehändigt werden. Die Adresse der Fernleihe finden Sie auf Seite 32 „Hilfsangebote von draußen“.

Feuerzeuge

Generell ist der Besitz von Feuerzeugen erlaubt. I.d.R. muss es sich um durchsichtige Einwegfeuerzeuge aus Kunststoff handeln, die Menge ist oft auf 2-3 Feuerzeuge gleichzeitig begrenzt. Benzin- und andere nachfüllbare Typen sind nicht gestattet. Streichhölzer sind nicht erlaubt. Im offenen Vollzug gibt es keine Beschränkungen.

Flucht

Im Gegensatz zur Entweichung, bei der Ihnen das Verlassen der Anstalt erlaubt war, Sie allerdings nicht zurückgekehrt sind, beschreibt die „Flucht“ das unerlaubte Verlassen der Anstalt. Auch wenn die Flucht an sich nicht strafbar ist, sollten Sie auf keinen Fall die Anstalt unerlaubt verlassen (was im Geschlossenen ohnehin fast unmöglich ist). Eine Flucht wird auf jeden Fall disziplinarisch geahndet, Lockerungen sowie Ausgang und Urlaub können Sie für lange Zeit getrost vergessen. Die Flucht kann zudem strafrechtliche Relevanz haben, wenn Sie z.B. mit einem Diebstahl verbunden ist (die Anstaltskleidung gehört Ihnen nicht!) oder wenn Sie etwas beschädigt haben, was bei einem Ausbruch aus einer geschlossenen JVA wohl sicher der Fall sein dürfte.

Freiabos

Der gemeinnützige Verein „Freiabos für Gefangene e.V.“ bietet Inhaftierten die Möglichkeit verschiedene Tageszeitungen und Zeitschriften kostenlos zu abonnieren. Eine Liste der greifbaren Titel bekommen Sie direkt von dort (bitte Rückporto beilegen). Manche Zeitungen sind quasi sofort verfügbar, andere haben unterschiedlich lange Wartezeiten.

Die Adresse des Vereins lautet:

Freiabonnements für Gefangene e.V.
Köpenicker Str. 175, 10997 Berlin

Freies Beschäftigungsverhältnis

Als Freigänger im offenen Vollzug können Sie zum FB zugelassen werden. Sie haben dann die Möglichkeit, außerhalb der Anstalt bei einem Arbeitgeber der freien Wirtschaft eine Arbeitsstelle anzutreten bzw. ein bei Haftantritt bestehendes Arbeitsverhältnis weiter zu führen. Um eine Arbeitsstelle werden Sie sich selbst kümmern müssen, trotzdem kann es hilfreich sein in der Arbeitsverwaltung der JVA vorzusprechen, dort kennt man natürlich Betriebe, die Inhaftierte beschäftigen. Die Arbeitsstelle wird überprüft und kann in Einzelfällen von der JVA abgelehnt werden, einen Alkoholiker wird man i.d.R. nicht in einer Brauerei arbeiten lassen. Genehmigt die Anstalt Ihr FB-Verhältnis, wird der Arbeitgeber mittels schriftlichem Vertrag verpflichtet die Anstalt bei Fehlverhalten Ihrerseits (Verspätung, Fortbleiben, Trunkenheit etc.) sowie bei Krankheit zu informieren. Die Höhe des Arbeitseinkommens vereinbaren Sie mit Ihrem Arbeitgeber direkt, lediglich von der Anstalt vorgegebene Mindestlöhne dürfen nicht unterschritten werden. Ihre Bezüge muss der Arbeitgeber i.d.R. an die Anstalt überweisen, die dann nach Abzug von Haftkostenbeitrag und evtl. vorliegenden Pfänd-ungen den Rest an Sie auszahlt. In einigen Anstalten gibt es Konzepte, bei denen der Arbeitgeber direkt an Sie auszahlen darf. Informationen hierzu bekommen Sie bei der Arbeitsverwaltung.

Sobald Sie in einem freien Beschäftigungsverhältnis stehen, sind Sie zur Zahlung eines Haftkostenbeitrages verpflichtet. Die Höhe richtet sich danach, ob Sie einzeln oder in Gemeinschaft untergebracht sind und ob Sie weiterhin an der Anstaltsverpflegung teilnehmen. Die Dauer der täglichen Abwesenheit (Arbeits- + Fahrtzeiten) darf bestimmte Grenzen (i.d.R. 15 Stunden/Tag) nicht überschreiten. Grundsätzlich haben Sie sich ohne Umwege zur Arbeitsstelle und zurück zur Anstalt zu begeben. Anhand von

Stundennachweisen wird dies regelmäßig überprüft, zusätzlich erfolgen durch Bedienstete der JVA regelmäßige Kontrollen direkt an Ihrem Arbeitsplatz. Lassen Sie es auf keinen Fall zu Freizeiterschleichungen kommen, diese führen grundsätzlich zum Verlust der FB-Eignung und oft auch zum Abschuss aus dem offenen Vollzug.
Von Ihrem Arbeitgeber gewährter Urlaub ist nicht gleichzeitig Hafturlaub!
Wollen Sie Ihr eigenes Fahrzeug für die Wege zur und von der Arbeit benutzen, benötigen Sie eine Fahrerlaubnis durch die Arbeitsverwaltung!
Mein Tipp: Viele Zeitarbeitsfirmen arbeiten gerne mit Inhaftierten zusammen, da diese als besonders bereitwillig, pünktlich und zuverlässig gelten. Viele „Knackis" gehen halt lieber „draußen" einer Arbeit nach, als im Knast zu sitzen und sind meist besonders bemüht, den Arbeitsplatz nicht zu verlieren.

Freigang

Als Lockerung des Vollzuges kann Ihnen Freigang gewährt werden. Damit wird Ihnen erlaubt, außerhalb der Anstalt einer Beschäftigung ohne Aufsicht eines Vollzugsbediensteten nachzugehen. Diese Tätigkeit kann über die Anstalt oder im Rahmen eines freien Beschäftigungsverhältnisses erfolgen.

Freistellung

Die Strafvollzugsgesetze sehen verschiedene Formen der Freistellung (von der Arbeit) vor. Zum einen können Sie für mehrere Tage (bis zu 18) von der Arbeit freigestellt werden, wenn Sie ein Jahr lang in bzw. für die Anstalt gearbeitet haben. Diese Freistellung führt nicht zu Hafturlaub und kann auch nicht auf den Entlassungszeitpunkt angerechnet werden! Zusätzlich kann Ihnen für je 2 Monate Arbeit in/für die Anstalt Arbeitsurlaub gewährt werden, der auch (bei entsprechender Eignung) als Hafturlaub verwendet werden kann oder auf den Entlassungszeitpunkt angerechnet wird. Zum Thema Freistellung informieren Sie sich bei der Arbeitsverwaltung der JVA – durch die 2006 neu geordnete Gesetzgebungskompetenz kann hier jedes Bundesland unterschiedlich agieren.

Freizeit

Alles, was nicht Arbeitszeit (einschl. Schulzeiten) ist, ist Freizeit. Vor allem wenn Sie unbeschäftigt sind, also keine Arbeit haben, werden Sie feststellen, wie viel freie Zeit Ihnen verbleibt und wie schnell Langeweile aufkommt. Beschäftigen Sie sich sinnvoll! Jede JVA stellt Möglichkeiten zur Freizeit-gestaltung bereit, so gibt es oft eine Vielzahl unterschiedlicher Gruppen, Sportangebote, Lehrgänge, Gesprächsrunden und i.d.R. auch eine Bücherei. Unter bestimmten Voraussetzungen können Sie Zeitschriften und Zeitungen beziehen, Sie können Hörfunk- und Fernsehgeräte benutzen oder sich z.B. auch (genehmigtes!) Bastelmaterial besorgen.
Nutzen Sie Ihre Freizeit, die bei Unbeschäftigten 24 Stunden am Tag beträgt (!), sinnvoll. Bilden Sie sich mit Fachliteratur weiter oder machen Sie z.B. einen Fernlehrgang. So können Sie aus der Zeit im Knast etwas Positives mitnehmen!

Freizeiterschleichung

Ein häufiges (und schwerwiegendes!) Vergehen im offenen Vollzug ist die Freizeiterschleichung. Ihnen wurde ein Ausgang zum Arzt genehmigt, der nur wenige Minuten dauerte, Sie kommen aber erst nach Stunden zurück, weil Sie noch schnell jemanden besucht haben oder im Restaurant essen waren: Freizeiterschleichung! Nach der (genehmigten) Arbeit fahren Sie noch (unerlaubt) Zuhause vorbei: Freizeiterschleichung! Sie melden sich an Ihrem Arbeitsplatz krank, verlassen aber trotzdem die Anstalt: Freizeiterschleichung!
Der offene Vollzug gibt Ihnen viele Freiheiten, gleichzeitig wird von Ihnen erwartet, dass Sie sich genau an alle Regeln halten. Prak-

tisch jede Form der Freizeiterschleichung fällt irgendwann auf und wird meist sehr konsequent geahndet. In der Regel verlieren Sie sofort Ihre FB-Eignung und damit Ihren Arbeitsplatz und oft erfolgt auch umgehend der Abschuss aus dem offenen Vollzug!

Freizeitküche

Immer mehr Anstalten verfügen über kleine Küchen, in denen Inhaftierte während der Freizeit Essen zubereiten können. Im Wohngruppenvollzug und im offenen Vollzug sind solche Küchen Standard. Die nötigen Lebensmittel bekommen Sie beim Einkauf. Freizeitküchen sind stets sehr beliebt und entsprechend stark frequentiert – mitunter gibt es Nutzungspläne, ansonsten sprechen Sie sich mit den anderen Inhaftierten ab. Die Küchen verfügen über Backofen, Herd, Mikrowelle und Spüle. Hinterlassen Sie die Küche in ordentlichem und sauberen Zustand, also so, wie Sie es ja sicher auch erwarten.

Frisör

Im geschlossenen Vollzug wird dafür gesorgt, dass Sie sich regelmäßig kostenlos die Haare schneiden lassen können. Sonderwünsche wie Dauerwelle oder Färbungen müssen Sie, soweit angeboten, aus eigenen Mitteln bezahlen. Die Konzepte sind unterschiedlich. In Hagen gibt es einen kleinen Raum, in denen ein Mitgefangener als Frisör beschäftigt ist. Bei Bedarf werden Sie (auf Antrag!) dorthin gebracht. In Geldern kommt ein professioneller Frisör von draußen und schneidet zu festgelegten Terminen auf den jeweiligen Abteilungsfluren die Haare. In Remscheid kommt ein als Frisör beschäftigter Inhaftierter mit allen Utensilien zu Ihnen in den Haftraum. Manche Anstalten haben professionell eingerichtete Frisörsalons. Im offenen Vollzug lassen Sie sich i.d.R. außerhalb der Anstalt die Haare schneiden.

Gefangenenmitverantwortung GMV

Die GMV ist eine Gruppe Inhaftierter, die durch Wahl von allen

Gefangenen bestimmt wird. Die GMV versucht bei Angelegenheiten von allgemeinem Interesse mitzuwirken. Themen sind oft die Gründung und Ausstattung von Freizeitgruppen, die Behebung allgemeiner Missstände, Vielfalt, Qualität und Preise beim Einkauf, die Ausrichtung von Festen und vieles andere.
Was eine GMV erreichen kann, hängt vom Engagement der Mitglieder ab und vor allem davon, wie zugänglich die Anstaltsleitung für Vorschläge und Hinweise ist. Die GMV hat keine Entscheidungsbefugnis, sie ist keine Rechtsberatung und vom Grundsatz her auch nicht für Einzelanliegen zuständig.

Gefangenenzeitung

Bundesweit werden in den Vollzugsanstalten mehr als 50 Gefangenenzeitungen herausgegeben. Diese Blätter werden grundsätzlich von Gefangenen in ihrer Freizeit erstellt und fast ausnahmslos vom jeweiligen Anstaltsleiter als Herausgeber veröffentlicht. Die Zeitungen enthalten vor allem Informationen für und Kritik von Gefangenen. Ein Teil der Auflage geht meist auch an Empfänger außerhalb der JVA. Umfang, Aufmachung und Erscheinungsweise sind so unterschiedlich wie vieles im Vollzug. Während die „Posaune" aus Geldern regelmäßig alle 3 Monate in unfassbar professioneller Aufmachung und perfekter Druckqualität erscheint, hat die Redaktion des „Kassiber" in Remscheid 2009 gerade einmal ein Heft verteilt. Es variiert also nicht nur die technische Ausstattung, sondern auch das Engagement in den Anstalten.

Gemeinschaft

Die Unterbringung mehrerer Inhaftierter in einem Haftraum wird als Gemeinschaft oder Gemeinschaftsunterbringung bezeichnet. Im offenen Vollzug ist sie eher die Regel, im geschlossenen Vollzug sollte sie die Ausnahme sein. Aufgrund der beengten Platzverhältnisse, der fehlenden Rückzugsmöglichkeiten und der mangelnden Intimsphäre ist die Gemeinschaft im geschlossenen Vollzug oft problematisch. Hinzu kommen der häufige Wechsel der Mitinsassen und die gemeinsame Toilettenbenutzung. Andererseits kann die Freizeitbeschäftigung in Gemeinschaft – bei gleichen Interessen – leichter und interessanter sein.

Geschäfte unter Gefangenen

Die Möglichkeiten im geschlossenen Vollzug sind stark reglementiert und eingeengt – das weckt Begehrlichkeiten. Im offenen Vollzug treffen oft hunderte Menschen aufeinander, die unterschiedlichste Kontakte und Beschaffungsmöglichkeiten für alles Mögliche haben. Geschäfte unter Gefangenen sind ebenso üblich wie verboten, also lassen Sie die Finger davon! Was anfangs wie ein lohnendes Geschäft aussieht, endet oft als Abzug oder fällt als verboten auf und wird von der JVA disziplinarisch geahndet. Ein Pack Tabak gegen ein paar Süßigkeiten zu tauschen ist sicher kein Problem, der Handel mit verbotenen Dingen (Drogen, Alkohol, Porno-DVD's) oder gestohlenen Dingen (Uhren, Sportsachen und...und...und) dagegen kann schwerwiegende Folgen haben!

Geschlossener Vollzug

Diese Haftform ist der klassische „Knast" und schränkt Sie, verglichen mit der Freiheit oder dem offenen Vollzug am meisten ein. Ihre Unterbringung erfolgt in einem etwa 7-10 qm kleinen Einzelhaftraum oder einer etwas geräumigeren Gemeinschaft zusammen mit anderen Gefangenen. Ihr Fenster ist vergittert, die Tür praktisch ständig verschlossen. Die Ausstattung ist zweckmäßig auf Bett, Tisch, Stuhl und Schrank begrenzt. Die Toilette und ein kleines Waschbecken befinden sich (meist ohne jede Abgrenzung) direkt in dem Haftraum. In der Regel gibt es nur einen Kaltwasseranschluss. Um die JVA ist eine mehrere Meter hohe Mauer gebaut, die zusätzlich gesichert ist, nach innen gibt es oft einen weiteren hohen Zaun. Die JVA besteht zumeist aus mehreren Hafthäusern, die als „Kamm" oder „Stern" angeordnet sind, die Häuser sind zueinander abgeriegelt, ebenso wie die einzelnen Abteilungen, in denen sich die Hafträume (Zellen) befinden. Nahezu alle Türen sind ständig verschlossen und können nur von Justizbediensteten geöffnet werden. Im geschlossenen Vollzug haben Sie keine Möglichkeit, sich außerhalb Ihres Haftraumes frei zu bewegen. Hier sind Sie im wahrsten Sinne des Wortes eingesperrt.

Gesundheitsfürsorge

Bei Haftantritt werden Sie gesundheitlich untersucht, darüber hinaus erhalten Sie medizinische Leistungen, die denen der gesetzlichen Krankenversicherung vergleichbar sind. Jede JVA verfügt über mindestens einen Anstaltarzt und arbeitet außerdem mit verschiedenen Fachärzten zusammen. Die medizinischen Maßnahmen umfassen Untersuchungen zur Früherkennung sowie ärztliche und zahnärztliche Behandlung – aber auch die Versorgung mit Medikamenten, Verbands- und Heilmitteln, Brillen, Körperersatzstücken, Hilfsmitteln sowie zahntechnische Leistungen inkl. Zahnersatz und Zahnkronen. Sollte eine stationäre Unterbringung nötig sein, stehen verschiedene Justizvollzugskrankenhäuser zur Verfügung. In besonderen Fällen kann auch die Unterbringung in einem Krankenhaus außerhalb der JVA vorgenommen werden.
Wenn Sie als Freigänger in einem freien Beschäftigungsverhältnis tätig sind, unterliegen Sie der normalen Krankenversicherungspflicht und suchen medizinische Hilfe grundsätzlich außerhalb der JVA. Arztbesuche und planbare Krankenhausaufenthalte lassen Sie sich zuvor in der JVA genehmigen.

Gitter

Während Ihrer Zeit im geschlossenen Vollzug werden Sie mehr als nur ein Gitter zu sehen bekommen. Wie die meisten Inhaftierten bedrückt mich das Gitter vor meinem Fenster am meisten, zeigt es mir doch in jeder Minute nur zu deutlich das ich eingesperrt bin. Die weit verbreiteten Stahlgitter sind, verglichen mit Betongittern, noch die angenehmere Begrenzung nach außen. Betongitter lassen deutlich weniger Licht in Ihren Haftraum und verhindern zudem nach außen den Blick zur Seite. Sie können nur geradeaus schauen. Richtig schlimm sind sog. „Fliegengitter" – was sich anhört wie ein willkommener Schutz vor Insekten meint in der Realität eine Feinvergitterung. Fliegen kommen locker durch, Licht von außen und Blicke nach draußen werden regelrecht „gesiebt". Gottlob ist diese Art der Vergitterung (noch) eher die Ausnahme.

Grundausstattung

Bei Haftantritt stellt Ihnen die JVA eine Ausstattung zur Verfügung, die für das tägliche Dasein unerlässlich ist, insbesondere Kleidung, Bettwäsche und Decken, Geschirr und Besteck sowie einige Reinigungsmittel und -utensilien sowie Mittel zur Körperpflege. Mehr nicht! Darüber hinaus ist aber vieles erlaubt, was Sie oft nach Haftantritt, besonders im geschlossenen Vollzug, nicht oder nur auf kompliziertem Wege in die Anstalt hinein bekommen. Mein Rat: nehmen Sie soviel mit, wie Sie tragen können. Selbst wenn Ihnen letztlich nicht alles Mitgebrachte ausgehändigt werden sollte – vieles wird Ihnen überlassen und erleichtert den Start und das Leben in Haft erheblich!

Gruppen

Vor allem in den Anstalten des geschlossenen Vollzuges werden oft viele verschiedene (Freizeit-) Gruppen angeboten. Es gibt religiöse Gruppen für unterschiedliche Glaubensrichtungen, Sport- und Bastelgruppen, Töpfer- und Künstlerkurse, Sprachgruppen, Gruppen zur Aufarbeitung von Alkohol-, Drogen- und Gewaltproblemen, Kochgruppen und... und... und. Während viele Gruppen allein der mehr oder weniger sinnvollen Freizeitgestaltung dienen sollen, sind einige wichtig zur Erreichung des eigenen Vollzugszieles. Sieht Ihr Vollzugsplan z.B. die Teilnahme an einer AA-Gruppe (Anonyme Alkoholiker) vor, sollten Sie daran unbedingt und ernsthaft teilnehmen, da sich eine Weigerung negativ z.B. auf Lockerungen oder eine mögliche Verlegung in den offenen Vollzug auswirken kann. Informieren Sie sich, welche Gruppen aktuell angeboten werden und beantragen Sie bei Interesse Ihre Teilnahme.

Guckloch

Haftraumtüren im geschlossenen Vollzug verfügen über ein Guck-loch, durch das man von außen in Ihre Zelle schauen kann. Die Rechtmäßigkeit dieser Gucklöcher ist umstritten, diverse Gerichtsurteile haben sich dagegen ausgesprochen. Praktisch alle Inhaftierten verhängen diesen „Spion“ von innen, was fast nie von den Bediensteten beanstandet wird. Also: zumachen!

Habe

Genau genommen sind „Persönliche Habe“ alle Gegenstände, die Ihr Eigentum sind und sich in der Anstalt befinden. Im täglichen Gebrauch sind aber insbesondere die Dinge gemeint, die Ihnen zwar gehören, aber nicht ausgehändigt wurden. Diese Gegenstände werden für Sie bis zur Entlassung auf der Kammer verwahrt. Wird Ihnen also z.B. eine unerlaubte DVD zugesandt, wird man Ihnen diese nicht aushändigen, sondern Sie informieren, dass diese „zu Ihrer Habe genommen wird“. Die DVD landet also auf der Kammer und wird Ihnen bei Ihrer Entlassung ausgehändigt.

Haftbescheinigung

Mitunter kann es nötig sein, Ihre Inhaftierung und die voraussichtliche Dauer gegenüber offiziellen Stellen nachzuweisen, z.B. bei der GEZ, Jugendamt, Sozialamt oder auch bei Gläubigern.
Eine solche Haftbescheinigung erhalten Sie auf Antrag von der Vollzugsgeschäftsststelle.

Hafthaus

Justizvollzugsanstalten sind meist größere Komplexe mit mehreren Gebäuden für die Verwaltung, Betriebe, Sporträume und zur Unterbringung der Inhaftierten, die s.g. „Hafthäuser“. Jedes Haus, jedes Stockwerk, jeder Haftraum ist eindeutig gekennzeichnet. Mit der Angabe „B4/14“ geben Sie z.B. zu verstehen, dass Sie den Haftraum 14 im 4. Stock des Hafthauses B bewohnen.

Haftkostenbeitrag

Unter bestimmten Voraussetzungen werden Sie zur Zahlung eines Haftkostenbeitrages herangezogen. Dies ist vor allem dann der Fall, wenn Sie selbstverschuldet ohne Arbeit sind, über ein regelmäßiges Einkommen verfügen oder z.B. im offenen Vollzug in einem freien Beschäftigungsverhältnis arbeiten. Ja wirklich, unter Umständen müssen Sie Ihre Unterbringung und die Verpflegung tatsächlich bezahlen. Die Höhe der Haftkostenbeiträge wird jährlich festgelegt und richtet sich danach, ob Sie einzeln oder in Gemeinschaft untergebracht werden und ob Sie (im offenen Vollzug) an der Verpflegung teilnehmen. Bei Einzelunterbringung und Verpflegung kommen da mehr als 300,- € monatlich zusammen.

Haftraumausstattung

Laut Gesetz dürfen Sie Ihren Haftraum in angemessenem Umfang mit eigenen Sachen ausstatten. Was angemessen ist, entscheidet die JVA. Was hier strengstens verboten ist (z.B. Kissen), wird Ihnen dort sogar noch vom Fahrdienst der JVA besorgt. Wie so oft im Vollzug ist längst nicht jede Entscheidung nachvollziehbar – nehmen Sie es wie es ist und fragen Sie einfach nach was erlaubt ist. Generell gilt: die Übersichtlichkeit des Haftraumes darf nicht behindert werden, die Wandflächen (vor allem die Außenmauern) müssen frei bleiben.

Ich selbst habe hier schon abenteuerliches erlebt: Mein Antrag auf ein Poster 60x90cm mit einem Familienbild wurde abgelehnt, da Poster nur über den Versandhandel bezogen werden dürfen. Ich stellte (auf Anraten eines netten Beamten) einen neuen Antrag – diesmal auf ein Lichtbild 60x90cm – genehmigt! Eine zusätzliche Wolldecke und ein Kopfkissen wurden abgelehnt, neu beantragt als „Tagesdecke“ und „Zierkissen“ wurde beides genehmigt.

Haftrauminventar

Jeder Haftraum enthält für die Inhaftierten je ein Bett, Tisch und Stuhl sowie einen Schrank. Außerdem eine Toilette, ein Waschbecken, einen Abfalleimer, einen Spiegel, einige Reinigungsutensilien (Besen, Schrubber, Handfeger, etc.). Vorhandensein und Zustand dieser Dinge werden in einem Protokoll festgehalten, welches Sie bei Zuweisung des Raumes unterschreiben werden. Sollte später etwas fehlen oder Beschädigungen vorweisen, können Sie zum Ersatz des Schadens herangezogen werden. Also: nur unterschreiben was stimmt, Vorschäden dokumentieren lassen, nichts verbummeln oder beschädigen!

Halbstrafe

Dieser Begriff wird Ihnen immer wieder begegnen, wenn Sie mit anderen Inhaftierten über die Haftdauer reden. Gemeint ist die vorzeitige Entlassung bereits nach Verbüßung der Hälfte der Freiheitsstrafe. Im Gegensatz zu „Zweidrittel" wird die Halbstrafe deutlich seltener gewährt und sie ist auch an engere Bedingungen geknüpft. Der Antrag auf Halbstrafenentlassung ist an die zuständige Strafvollstreckungskammer zu richten. Befinden Sie sich wiederholt in Haft oder haben Sie eine Freiheitsstrafe von mehr als 2 Jahren zu verbüßen, sollten Sie eher nicht mit einer Entlassung zum Halbstrafentermin rechnen.

Hamburger

Gemeint ist eine Kombination aus Hand- und Fußfesseln, die mittels einer längeren Kette miteinander verbunden sind. Diese Form der Fesselung lässt nur noch sehr eingeschränkte Bewegungen zu.

Handschlag

Inhaftierte untereinander begrüßen sich generell mit Handschlag und geben sich auch immer wieder die Hand, wenn sie sich erneut begegnen – mitunter also mehrmals am Tag. Das dient zum einen zur Begrüßung, ist immer aber auch ein Zeichen von „alles OK, wir haben kein Problem miteinander".

Justizbedienstete geben Gefangenen niemals die Hand! Das ist keine Unhöflichkeit, vielmehr dient es der Sicherheit und demonstriert die im Vollzug nötige Distanz.

Handyblocker

Während im offenen Vollzug immer mehr über die Zulassung von Handys nachgedacht wird, sind und bleiben Mobiltelefone im geschlossenen Vollzug verboten. Trotzdem gelangen sie auf verschiedensten Wegen immer wieder in die Anstalten und sind dort allgegenwärtig. Da ein Aufspüren der Geräte aufwendig ist und keinen 100% Erfolg haben kann, soll jetzt technisch für Funkstille gesorgt werden. Die JVA Offenburg hat als erste Anstalt einen Störsender angeschafft, der das Telefonieren sowie Senden und Empfangen von Nachrichten mit Handys unmöglich macht.

Hanteln

Viele Gefangene betreiben Kraftsport. Da die entsprechenden Sportgruppen oft belegt und zudem zeitlich begrenzt sind, erlauben die Anstalten meist den Besitz von „Kurzhanteln" im Haftraum. Langhanteln sind i.d.R verboten, mitunter bauen Gefangene sich diese aber selbst aus 2 mit Wasser gefüllten Kanistern und einem Besenstiel. Der Besitz unerlaubter Hanteln führt zu deren Entzug und wird disziplinarisch geahndet.

Hausalarm

Vor allem bei gewalttätigen Übergriffen zwischen Inhaftierten oder auf Bedienstete wird sofort Hausalarm ausgelöst. Dieser ist im gesamten Gebäude deutlich zu hören und führt zum sofortigen Einschluss aller Inhaftierten – ggf. auch in eine fremde Zelle bis zur Klärung der Lage. Eine Vielzahl Bediensteter eilt zum „Einsatzort", wo der Übergriff dann meist rasch mit den erforderlichen Mitteln beendet wird.

Hausarbeiter

Jede Haftabteilung hat einen oder mehrere Hausarbeiter. Dabei handelt es sich stets um Inhaftierte, die zuständig sind für die Reinigung der Flure, freiwerdender Hafträume, Gemeinschaftsräume, Duschen, Küchen und des Beamtenbüros. Außerdem entsorgen sie den Müll der Abteilung, geben das Essen aus und sorgen für den regelmäßigen Wäschetausch. Gerade im geschlossenen Vollzug ist diese Arbeitsstelle recht beliebt, ein Hausarbeiter hat gute Kontakte zur Kammer und Küche und sein Haftraum bleibt tagsüber praktisch ständig unverschlossen. Allerdings bringt der Job auch Nachteile mit sich, denn Hausarbeiter müssen auch am Wochenende und Feiertags arbeiten, sie bekommen ihr Essen am Ende der Kostverteilung – dann ist es oft bereits kalt. Sie werden ständig von Mitinsassen angesprochen, die irgendetwas haben wollen und müssen den Dreck wegmachen, den andere hinterlassen.
Mein Rat: Bauen Sie von Anfang an einen guten Kontakt zum Hausarbeiter auf Ihrer Abteilung auf – das kann Ihnen Vorteile bei der Kost- und Materialausgabe verschaffen. Darüber hinaus kann ein Hausarbeiter praktisch alles besorgen, was in der JVA erlaubt ist. Und nicht vergessen: Hausarbeiter sind nicht Dienstmädchen oder Putzfrau für andere Inhaftierte und sie lassen sich auch meist nicht so behandeln.
Im offenen Vollzug kann man häufig mit einem Hausarbeiter vereinbaren das er Ihnen den Revierdienst abnimmt.

Hausgeld

Der Betrag Ihrer Bezüge in Haft, über den Sie uneingeschränkt, z.B. für den Einkauf, verfügen können wird als Hausgeld bezeichnet. Hausgeld ist nicht pfändbar und auch die JVA kann sich hieran nicht ohne Ihre ausdrückliche Zustimmung „bedienen“, was mitunter vorkommt, wenn Sie nach Meinung der Anstalt einen Schaden verursacht haben, also z.B. einen Teller zerbrochen haben.
Allerdings: Im Rahmen eines Disziplinarverfahrens kann Ihnen

die Verfügung über das Hausgeld beschränkt oder entzogen werden. Genaueres dazu regelt das für Ihr Bundesland zutreffende Strafvollzugsgesetz.

Hausordnung

Per Gesetz ist der Anstaltsleiter verpflichtet, eine Hausordnung zu erlassen. Ein Abdruck der Hausordnung, die einer Zustimmung der Aufsichtsbehörde (Justizministerium) bedarf, muss sich in jedem Haftraum befinden, falls nicht – sprechen Sie einen Bediensteten an, er wird Ihnen ein Exemplar besorgen. Schließlich können Sie sich nur an Bestimmungen halten, die Sie auch kennen. Die Hausordnung regelt vieles, mindestens jedoch Zeiten, Dauer und Häufigkeit von Besuchen, Arbeitszeit, Freizeit, Ruhezeit sowie die Möglichkeiten Anträge und Beschwerden vorzubringen oder sich an einen Vertreter der Aufsichtsbehörden zu wenden.
Hausordnungen sind keine Schikane sondern wichtige Regeln für ein möglichst reibungsloses Zusammenleben und einen organisierten Ablauf der Haft. Halten Sie sich daran.

Hilfsmittel

Medizinische Hilfsmittel, Körperersatzstücke, etc. erhalten Sie bei Notwendigkeit im gleichen Umfang wie Mitglieder der gesetzlichen Krankenversicherung. Die Verordnung erfolgt durch den Anstaltsarzt – melden Sie sich ggfs. zu seiner Sprechstunde.

Hörfunk und Fernsehen

Selbstverständlich dürfen Sie in Haft Radio hören und einen Fernseher benutzen. Bringen Sie unbedingt eigene Geräte mit und erkundigen Sie sich über das in der Anstalt verwendete Empfangssystem für Fernsehen. Oft werden Sie zusätzlich einen Receiver und eine Antenne benötigen. Leihgeräte sind oft nur schwer oder gar nicht zu bekommen. Die Benutzung Ihrer eigenen Geräte wird im geschlossenen Vollzug davon abhängig gemacht, dass Sie die Geräte in der JVA prüfen und verplomben lassen. Die Ko-

sten hierfür müssen Sie selbst tragen. Sofern die JVA auch Ihre Fernbedienung verplomben lässt, sollten Sie diese gleich nach Aus-händigung in Folie (Müllbeutel sind sehr gut geeignet!) verpacken, ansonsten werden die aufgeklebten Plomben wirklich sehr schnell beschädigt, was zum Entzug der Fernbedienungen führt. Verpacken Sie die Fernbedienungen so, dass die Plomben überdeckt aber gut sichtbar sind und lassen Sie die Aussparung für das Batteriefach frei.
Sofern Sie zum Fernsehempfang eine zusätzliche Antenne verwenden und diese außen auf den Fenstersims stellen müssen, verpacken Sie auch diese sorgfältig in einen Müllbeutel, damit sie vor Witterungseinflüssen geschützt ist. Die erlaubte Größe der Fernsehgeräte legt jede Anstalt selbst fest, abnehmbare Lautsprecher-Boxen sind generell für alle Empfangsgeräte verboten. Manche Anstalten erheben Gebühren für vorhandene Empfangssysteme z.B. Satelliten-Anlagen.

Hofgang

Se haben ein Anrecht darauf, täglich mindestens 1 Stunde im Freien zu verbringen, daher auch die oft verwendete Bezeichnung „Freistunde“. Aus organisatorischen Gründen wird die JVA Zeiten für bestimmte Abteilungen oder Gruppen von Inhaftierten (z. B. Beschäftigte/Unbeschäftigte) festlegen. Der Anspruch entfällt, wenn die Witterung zum festgesetzten Zeitpunkt einen Aufenthalt im Freien nicht zulässt oder wenn Sie als Arbeiter im Freien tätig sind. Im offenen Vollzug dürfen Sie sich meist ganztags frei auf dem Gelände der Anstalt bewegen.

Infektionsgefahr

Achten Sie auf Ihre Gesundheit – das gilt im Leben draußen und umso mehr für die Zeit, die Sie in Haft verbringen müssen. Sie leben auf relativ engem Raum mit Menschen zusammen, die Sie nicht kennen und die teilweise mit hoch gefährlichen Krankheiten infiziert sind, insbesondere die verschiedenen Formen der Hepatitis und HIV sind hier zu nennen. Halten Sie sich an Hygieneregeln.

Benutzen Sie keine Zahnbürste, die schon ein anderer verwendet hat. Vermeiden Sie den Kontakt mit fremdem Blut und anderen Körperflüssigkeiten. Verzichten Sie auf (ungeschützten) Sex, verwenden Sie keine unsterilen Spritzen und Nadeln, lassen Sie sich auf keinen Fall tätowieren! Sind Sie in einer Gemeinschaft untergebracht, fragen Sie Ihre Mitinsassen ob Sie krank sind, ggfs. kann auch der Abteilungsbeamte einen Tipp geben. Fragen Sie ggfs. den Anstaltsarzt, wie Sie sich verhalten sollen.

Internet

Kurz und bündig: im geschlossenen Vollzug gibt es keinen erlaubten Zugang zum Internet, im Offenen nur außerhalb der Anstalt. Bringen Sie keine Internet fähigen Geräte in die Anstalt, allein der Besitz führt im offenen Vollzug i.d.R. zum Abschuss!

Kameras

Selbstverständlich werden viele Bereiche einer JVA mit Videoanlagen überwacht, besonders auf dem Außengelände befindet sich meist eine große Anzahl solcher Kameras, mit denen das gesamte Gelände beobachtet werden kann. Besonders störend empfinde ich die stetige Kontrolle der Außenwände aller Hafthäuser – denn in der Nacht werden diese dazu mit besonders leistungsstarken Scheinwerfern angestrahlt. Hierdurch soll wohl vor allem das unter Gefangenen populäre aber verbotene „Pendeln“ verhindert werden. In den Hafträumen befinden sich generell keine Kameras, mit Ausnahme s.g. „Beobachtungszellen“.

Kammer

Eine sehr wichtige Abteilung der JVA, mit der Sie auf jeden Fall zu tun haben, ist die Kammer. Die Kammer beschafft, verwaltet und verteilt praktisch alle Materialien, die in der JVA benötigt werden: Reinigungsmaterial, Pflegemittel, Kleidung und vieles mehr. Darüber hinaus verwahrt sie Ihre persönliche Habe und Kleidung. In einem Kleidersack hält sie einen Satz Ihrer Privatkleidung be-

reit, die Sie immer dann erhalten, wenn Sie die Anstalt verlassen, z.B. bei Verlegungen, Ausgang, Urlaub und zur Entlassung. Alles, was Sie bei Haftantritt oder später in die Anstalt bringen (lassen) wollen, geht über die Kammer und wird dort geprüft. Dies gilt auch für Pakete, die Ihnen zugesandt werden.
Bei Haftantritt bekommen Sie auf der Kammer Ihre Grundausstattung, die Sie bei der Entlassung auch dort wieder abgeben.

Kissen

Im geschlossenen Vollzug sind Kopfkissen fast ausnahmslos verboten. Falls medizinisch notwendig, kann ein Kissen vom Anstaltsarzt „verordnet“ werden. Manche Anstalten lassen Stuhl- oder Zierkissen zu. Im Zweifelsfall beantragen Sie also nie ein Kopfkissen, sondern auf jeden Fall ein Zierkissen (den Unterschied kennt wohl niemand)!
Im offenen Vollzug sind Kissen generell erlaubt.

Klammern

Ein in den Haftanstalten weit verbreitetes und unter Insassen sehr beliebtes Kartenspiel heißt „Klammern“.

Kleidersack

Im geschlossenen Vollzug wird eine Garnitur Ihrer Privatkleidung für den Zeitpunkt Ihrer Entlassung in einem Kleidersack verwahrt. Diese Kleidung wird Ihnen auch zur Verfügung gestellt, wenn Sie z.B. an einem Gerichtstermin teilnehmen müssen oder die Anstalt für Ausgänge oder Urlaub verlassen. Der Kleidersack wird in Ihrem Beisein verplombt und auch nur in Ihrer Gegenwart geöffnet. Sollten Sie Ihre Haft z.B. im Sommer angetreten haben und sich somit im Kleidersack nur entsprechend „leichte“ Kleidung befinden, sollten Sie rechtzeitig vor einem Termin oder Ihrer Entlassung Ihre Angehörigen um frische Kleidung, die der Jahreszeit entspricht, bitten und einen Austausch bei der Kammer beantragen.

Kochen

Im offenen Vollzug stehen Freizeitküchen bereit, in denen Sie mit einer normalen Ausstattung Essen zubereiten können, manche Anstalten des geschlossenen Vollzuges verfügen, vor allem in Wohngruppen, auch über solche Küchen, die teilweise aber nur bestimmten Gruppen, z.B. Beschäftigten offen stehen. Ansonsten heißt kochen immer auch improvisieren. Halbwegs unproblematisch ist es noch Wasser zu erhitzen, da i.d.R. Wasserkocher und Tauchsieder erlaubt sind. Müssen Sie sich für eines von beiden entscheiden, wählen Sie auf jeden Fall den Tauchsieder – spätestens wenn Sie einmal versucht haben, Nudeln im Wasserkocher zu erhitzen, wissen Sie warum. Um eines vorweg zu nehmen: Sie müssen nicht kochen, denn in Haft werden Sie natürlich von der JVA mit Essen versorgt. Trotzdem bereiten viele Inhaftierte sich zusätzliche oder alternative Gerichte zu. Die Zutaten dafür gibt's beim Einkauf. Besonders beliebt sind Nudeln, Reis, diverse Suppen und Soßen. Generell erhalten Sie kein Kochgeschirr, also weder Pfannen noch Töpfe. Nudeln und Reis in kleineren Mengen sowie Eier lassen sich recht gut in einer leeren Milchverpackung mittels Tauchsieder erhitzen, etwas komfortabler und auch für gemeinsames Kochen besser geeignet sind kleine (5 Liter) Eimer, die mitunter der Hausarbeiter aus der Küche besorgen kann. Milch oder Kakao unbedingt im Wasserbad erhitzen, niemals den Tauchsieder in die Milch stellen! Die Milch ist hin und der Tauchsieder ebenfalls.
Das Braten von Gemüse oder Eiern und die Herstellung eigener Soßen ist etwas komplizierter, da ein Tauchsieder hier nicht weiter hilft. Als Pfanne oder Topf eignet sich sehr gut die von der JVA zur Verfügung gestellte Suppenschüssel aus Keramik, die über einer Flamme erhitzt wird. Hierfür ist ein „Brenner" erforderlich, der mit Kerzen (Teelichter) betrieben wird. In manchen Anstalten gibt es recht gut gemachte Gestelle zu diesem Zweck, die aber bestenfalls geduldet werden. Offenes Feuer ist natürlich generell nicht gewünscht.

Komitee für Grundrechte

Dieser gemeinnützige Verein kämpft ganz allgemein für die Einhaltung der Menschenrechte und befasst sich daher auch immer wieder mit dem Strafvollzug, insbesondere mit Haftbedingungen. Jedes Jahr organisiert das Grundrechtekomitee die Aktion „Bücher für Gefangene". Bei dieser Aktion wird es Gefangenen ermöglicht, bis zu einem Betrag von € 22,00 Bücher gratis zu erhalten, wobei etwa 300-400 Buchwünsche in jedem Jahr erfüllt werden. Die Adresse des Komitees finden Sie auf Seite 33.

Konferenzen

Immer wenn es darum geht, Ihren Vollzugsplan aufzustellen oder fortzuschreiben sowie bei anderen wichtigen Entscheidungen im Vollzug (z.B. Lockerungen, Verlegung in den Offenen) wird der Anstaltsleiter Entscheidungen im Rahmen einer Konferenz gemeinsam mit den Bediensteten treffen, die mit Ihrer Behandlung zu tun haben (z.B. Abteilungsbediensteter, Sozialarbeiter, Bereichsleiter). Sofern man Ihnen die Teilnahme an der Konferenz erlaubt, sollten Sie sich darauf vorbereiten – nennen Sie Gründe, warum man etwas zu Ihren Gunsten entscheiden soll. Argumentieren Sie sachlich und bleiben Sie auch bei einer Ablehnung höflich und ruhig, mitunter wird man prüfen wollen, wie Sie mit negativen Entscheidungen umgehen.

Kopfkino

Wer viele belastende Gedanken im Kopf hat, spricht hier oft von Kopfkino. Meist geht es um Beziehungen draußen: die Frau, der man nicht vertraut oder die todkranke Mutter „machen einem dann Kopfkino". Manche Insassen meinen, es sei besser, jede Partnerschaft nach draußen abzubrechen um gar nicht erst Kopfkino zu bekommen.

Krankenkasse

Für die Zeit der Haft erhalten Sie alle medizinischen Leistungen über die JVA. Die Mitgliedschaft bei Ihrer Krankenkasse können Sie getrost kündigen. Ausnahme: Im offenen Vollzug gibt es bei freiberuflich Beschäftigten Krankenkassenpflicht. Im Zweifelsfall erkundigen Sie sich bei Ihrer Krankenkasse.

Kübel

Wenn die Mahlzeiten nicht in Menagen (unterteilte und abgedeckte Tabletts) verteilt, sondern aus großen Behältern direkt auf Ihren Teller gegeben werden, spricht man von Kübelkost. Beide Formen der Kostausgabe haben Vor- und Nachteile, die JVA entscheidet nach organisatorischen Gesichtspunkten, wie sie das Essen verteilen lässt.

Kühlgeräte

Ein „heißes" Thema in vielen Anstalten ist die Kühlung vorhandener Lebensmittel. Einige JVA stellen Kühlschränke mit einzelnen abschließbaren Fächern zur Verfügung, die meist auf dem Flur oder in einer Freizeitküche untergebracht sind. Jeder Insasse erhält eines dieser Fächer und kann dort seine Lebensmittel und Getränke gekühlt wegschließen. Diese Sammelkühlschränke sind i.d.R. nur zu bestimmten Zeiten nutzbar, nachts generell nicht. Einige Anstalten erlauben kleine Kühlschränke sogar im Haftraum, allerdings sind diese Geräte recht teuer und mitunter im Betrieb auch sehr laut. Die Regel in den meisten Anstalten lautet: keine Kühlschränke. Die Inhaftierten versuchen dann Joghurt, Milch, Wurst, Konfitüre, Obst, Getränke etc. kühl zu halten indem sie diese Dinge von außen auf den Fenstersims stellen. Was im Frühjahr und Herbst recht gut funktioniert, bringt im Sommer und Winter erhebliche Probleme mit sich.

Lazarett

Der Sanitätsbereich einer JVA wird Lazarett genannt. Dort erhalten Sie alle Leistungen zur Erhaltung oder Wiederherstellung

Ihrer Gesundheit. Arztbesuche finden im Lazarett statt und auch notwendige Medikamente bekommen Sie dort. Auch Urinkontrollen z.B. finden im Lazarett statt.

Langzeitbesuch (LZB)

Zur Aufrechterhaltung sozialer Bindungen bieten einige Anstalten des geschlossenen Vollzugs den s.g. „Langzeitbesuch" an. Zunächst müssen Sie einen Antrag auf LZB stellen und dabei angeben, wer als Besucher in Frage kommt – dies können z.B. Eltern, Kinder, Geschwister, Ehepartner oder Geschiedene sein. Beim LZB dürfen Sie nur Besucher empfangen, die vorher genehmigt wurden! Langzeitbesuch dient vor allem der Erhaltung bereits bestehender sozialer Bindungen – die „neue" Freundin oder auch Verlobte wird meist nicht zugelassen. Als Faustregel gilt: die Beziehung muss nachweislich mindestens 1 Jahr bestehen, als Nachweis kann z.B. ein gemeinsamer Mietvertrag genügen. Es soll natürlich verhindert werden, dass der LZB allein für Sex mit nur flüchtigen Bekannten genutzt wird. Erzählt Ihnen ein Insasse, dass er alle 14 Tage eine andere Prostituierte zum LZB kommen lässt, können Sie das getrost als Märchen verbuchen.
Die Gewährung von Langzeitbesuchen wird oft auch daran gebunden, dass Sie sich bereits einige Zeit (etwa 3 Monate) in der betreffenden Anstalt befinden, man will Sie kennen lernen, bevor man Ihnen mehrere Stunden unüberwachten Besuch gestattet.
LZB findet in besonders ausgestatteten Besuchsräumen statt, die meist mit (Schlaf-) Couch oder Bett, Tisch, Stühlen oder Sesseln, einer Kochecke, Dusche und etwas Spielzeug für Kinder ausgerüstet sind. Für die Dauer des Besuchs wird die Türe von außen verschlossen, der Besuch wird nicht überwacht. Störungsfreier Sex ist möglich und üblich, soll aber nicht Hauptzweck des LZB sein. Sie können davon ausgehen, dass Ihre Angehörigen vor dem Besuch und Sie selbst danach durchsucht werden. Besucher dürfen nichts mit in die Anstalt bringen, Sie haben aber oft die Möglichkeit einige Snacks und Getränke mit in den LZB-Raum zu nehmen.
Hinterlassen Sie den Besuchsraum sauber und ordentlich! Andere

möchten ihn auch sauber vorfinden! Die LZB-Dauer ist von Anstalt zu Anstalt unterschiedlich, etwa 4 Stunden sind die Regel. Wenn die JVA, in der Sie untergebracht sind, z.B. aus räumlichen Gründen keinen LZB anbietet, fragen Sie ruhig, ob eine „Besuchsverlegung" möglich ist. Hierbei werden Sie (auf Ihre Kosten!) für den LZB in eine andere JVA gebracht und später wieder zurück.
Einen Anspruch auf LZB gibt es nicht.

Lebendkontrolle

Im geschlossenen Vollzug erfolgt grundsätzlich morgens eine Lebendkontrolle. Wenn der Bedienstete Sie also weckt, obwohl Sie unbeschäftigt sind und vielleicht auch kein Frühstück wollen, ist dies keine Schikane, sondern seine Pflicht.
Also: wenn morgens die Tür aufgeht (etwa kurz vor 6 Uhr), erwidern Sie das „Guten Morgen" dann weiß der Beamte Bescheid und wird nichts weiter unternehmen.

Leihgeräte

Wenn Sie keine eigenen Geräte für den Fernseh- oder Radioempfang besitzen, fragen Sie den Abteilungsbediensteten nach entsprechenden Leihgeräten. Radios sind fast immer, Fernsehgeräte wenigstens manchmal leihweise zu bekommen.

Lichtruf

siehe Ampel

Liftkurs

Hier lernen Sie nicht, wie ein Fahrstuhl bedient wird, vielmehr handelt es sich um eine schulische Maßnahme, die Sie befähigen soll an einer weiterreichenden Aus- oder Fortbildung teil zu nehmen. Im Liftkurs werden daher meist grundlegende Schulkenntnisse vermittelt bzw. aufgefrischt.
Oft wird z.B. die Teilnahme an einer Ausbildung und/oder Umschu-

lung in Haft davon abhängig gemacht, dass Sie im Liftkurs generelle Mathematik-Kenntnisse erlangen.
Die Teilnahme am Liftkurs wird zudem entlohnt!

Lockerungen

Ein wichtiges Thema in Haft sind Vollzugslockerungen, jeder will sie – nicht alle bekommen sie. Lockerungen sind erste Schritte in die Freiheit, sie werden meist stufenweise solchen Inhaftierten gewährt, bei denen man nicht davon ausgeht, dass diese sich der Haft entziehen oder die Lockerungen zu Straftaten missbrauchen werden.
In Betracht kommt zum Beispiel die sog. Außenbeschäftigung, also der Arbeitseinsatz außerhalb der Anstalt unter Aufsicht eines Justizbediensteten. Bei einer Beschäftigung außerhalb der Anstalt ohne Aufsicht spricht man von Freigang.
Erlaubt man Ihnen, die Anstalt unter Aufsicht eines Justizbediensteten für eine bestimmte Tageszeit zu verlassen, spricht man von einer Ausführung – ohne Aufsicht ist es ein Ausgang.
Nehmen Sie die Ihnen gewährten Lockerungen beanstandungsfrei wahr (die pünktliche Rückkehr ist extrem wichtig!), wird man diese i.d.R. ausweiten oder Ihnen sogar Urlaub aus der Haft gewähren.
Einen Anspruch auf Lockerungen gibt es nicht!

Materialausgabe

Meist einmal wöchentlich bekommen Sie die Dinge ausgehändigt, die von der JVA für den täglichen Gebrauch zur Verfügung gestellt werden: Toilettenpapier, Müllbeutel, Seife, Rasierer, andere Produkte zur Körperpflege und Reinigungsmittel. Je nach Konzept der Anstalt müssen Sie diese Dinge zuvor per Antrag bestellen, dann werden Sie Ihnen an die Tür gebracht, oder Sie bekommen diese zu einem festgelegten Zeitpunkt beim Hausarbeiter. Im offenen Vollzug erfolgt diese Materialausgabe oft auch auf der Kammer.

Medikamente

Alle notwendigen Medikamente erhalten Sie im Lazarett. Die Verordnung erfolgt durch den Anstaltsarzt, den Sie über frühere oder bestehende Erkrankungen informieren sollten. Stehen Sie in einem freien Beschäftigungsverhältnis, erhalten Sie notwendige Medikamente so, wie auch sonst draußen üblich, Rezept vom Arzt, Beschaffung in der Apotheke.

Menage

Im geschlossenen Vollzug nehmen Sie das Essen in Ihrem Haftraum zu sich. Die Ausgabe erfolgt entweder aus Kübeln direkt auf Ihren bereit gehaltenen Teller oder es werden unterteilte und abgedeckte Behälter verteilt, die jeweils die Mahlzeit für einen Gefangenen enthalten, s.g. Menagen. Vorteil zur Kübelkost: Sie müssen die Menage nicht spülen sondern geben Sie nach dem Essen ungereinigt wieder heraus.

Moped

Gemeint ist nicht ein motorisiertes Zweirad. Warum gerade dieser Begriff verwendet wird, weiß ich nicht, jedenfalls bezeichnet das Wort „Moped" in Haft einen selbst gebauten Tauchsieder. Wie ein Moped gebaut wird, erkläre ich hier nicht, erstens sind diese Konstrukte hoch gefährlich und zweitens auch absolut verboten. Zum Erhitzen von Wasser beschaffen Sie sich bitte einen Tauchsieder und basteln nichts selbst!

Musikinstrumente

Akustikgitarren und Keyboards werden häufig genehmigt, allerdings dürfen Sie keine Lärmbelästigung verursachen und Sie müssen unbedingt die (nächtliche) Ruhezeit einhalten. Ein Keyboard verwenden Sie am besten mit Kopfhörer. Natürlich müssen Sie das Gerät prüfen und verplomben lassen.
Wenn Sie gerne in einer Band spielen wollen, erkundigen Sie sich

beim Abteilungsbeamten. Oft gibt es verschiedene Musikgruppen und mitunter sogar Proberäume mit Instrumenten, die Sie auf einem Haftraum nicht verwenden können, z.B. ein Schlagzeug.

Nachschlag

Dieser Begriff hat im Knast gleich 2 völlig unterschiedliche Bedeutungen. Bei der Kostausgabe können Sie um Nachschlag bitten: bleibt nach der Essensverteilung etwas übrig, bekommen Sie dann eine zusätzliche Portion.
Spricht ein Inhaftierter davon, dass er noch einen Nachschlag erwartet oder bekommen wird, meint er nicht das Essen. Vielmehr ist er erneut verurteilt worden und hat eine weitere Freiheitsstrafe bekommen, die seine aktuelle Haftzeit noch einmal verlängert.

Nachtverschluss

Am Ende eines jeden Tages erfolgt der Nachtverschluss, das heißt Ihre Haftraumtüre wird verschlossen und zusätzlich verriegelt. Nach dem Nachtverschluss wird Ihre Türe, außer in ernsten Notfällen, bin zum nächsten Tag nicht mehr geöffnet. Insofern ist dies übrigens die beste Zeit um zur Toilette zu gehen, da Sie nicht damit rechnen müssen dass unerwartet ein Justizbediensteter in Ihrem Haftraum steht.
Im offenen Vollzug werden Sie nicht eingeschlossen, Sie entscheiden selbst, ob Sie Ihre Türe abschließen – was ich Ihnen allerdings empfehle wenn Sie sicher sein wollen, dass nachts nichts aus Ihrer Stube entwendet wird oder Sie ungebetenen Besuch bekommen.

Notgemeinschaft

Gemeint ist die vorübergehende Unterbringung von mehr als einem Inhaftierten in einem Einzelhaftraum. Praktisch sieht es so aus, dass eine Einzelzelle mit je einem zusätzlichen Bett, Tisch und Stuhl ausgestattet wird, wobei die Betten aus Platzgründen übereinander gestellt werden. Für einen zweiten Schrank ist meist

kein Platz, sodass es sehr schwierig wird persönliche Dinge und Kleidung unter zu bringen. Die gemeinsame Unterbringung von 2 fremden Menschen auf gerade einmal 7-10 qm, die dann auch noch fast vollständig mit Möbeln verstellt sind, ist ausgesprochen problematisch, was zusätzlich durch die Tatsache verstärkt wird, dass die Toilette i.d.R. frei im Raum steht. Sie essen, schlafen und schei...... also gemeinsam mit einem anderen Inhaftierten ohne jegliche Intimsphäre in einem winzigen Raum.
Ist eine Notgemeinschaft unumgänglich, bitten Sie wenigstens um eine Schamwand für die Toilettenbenutzung.

Offener Vollzug

Im Gegensatz zum geschlossenen Vollzug bietet die Unterbringung im „Offenen" ein hohes Maß an Freiheiten. Die Hafträume werden nicht abgeschlossen, vor den Fenstern gibt es keine Gitter und auch die Gefängnismauer fehlt, das Anstaltsgelände ist meist nur umzäunt. Toiletten befinden sich nicht in dem Haftraum und es stehen Freizeitküchen zur Verfügung. Sie können sich auf dem Anstaltsgelände frei bewegen und Sie tragen private Kleidung. Sie können außerhalb der Anstalt einkaufen und zum Frisör oder ins Solarium gehen (sobald Sie Ausgang haben). Auf dem Gelände der Anstalt befinden sich Telefonzellen, die Sie unkontrolliert nutzen können. I.d.R. bekommen Sie sehr schnell Urlaub und es wird Ihnen gestattet außerhalb der JVA einer Arbeit nachzugehen.
Wichtig: halten Sie sich genau an alle Regeln und Weisungen, sonst droht im Offenen schnell der „Abschuss", also die Verlegung in den geschlossenen Vollzug.

Ombudsmann

Seit 2007 gibt es in NRW den Ombudsmann für den Justizvollzug mit Sitz in Wuppertal. Gemäß eigener Angaben ist er Ansprechpartner für Gefangene und ihre nahen Angehörigen, Beschäftigte des Vollzuges und ehrenamtliche Helfer, die ihre Schwierigkeiten mit den übrigen Beteiligten in der Anstalt selber nicht lösen konnten oder die durch Anregungen, Beobachtungen und Hinweise dazu beitragen möchten, das Klima in den Haftanstalten weiter zu verbessern. Die Aufgaben des Ombudsmannes und seines Teams sind Vermittlung, Empfehlung, Hinweis und Bericht, ebenso wie der Dialog mit der Vollzugsverwaltung. Dabei wird in vielen Gesprächen den Dingen auf den Grund gegangen und geholfen konträre Positionen auf einen gemeinsamen Nenner zu bringen und einen vernünftigen Interessenausgleich herbei zu führen.

Er befasst sich ausschließlich mit dem Vollzug in Nordrhein-Westfalen! Anschrift und Kontaktdaten des Ombudsmanns sind:

Der Ombudsmann
Eiland 2
42103 Wuppertal
Tel. 0202 - 498 8155
Fax 0202 - 4988500

Pädagogischer Dienst

Mitarbeiter des pädagogischen Dienst sind zuständig für schulische Angelegenheiten in der JVA. Sie organisieren und betreuen Liftkurse und andere Bildungsangebote.

Pakete

In einigen Bundesländern (Bayern, Hamburg, Niedersachsen) ist der Paketempfang inzwischen abgeschafft worden. Wo es erlaubt ist, können Sie dreimal im Jahr ein Paket mit Nahrungs- und Genussmitteln empfangen und zwar zu Weihnachten, Ostern und einem weiteren Zeitpunkt, den Sie selbst wählen können. Gehören Sie einer Religion an, die Weihnachten und Ostern nicht feiert, werden diese Pakete zu anderen hohen Feiertagen Ihrer Religion angenommen. Gewicht und Inhalt der Pakete sind genau festgelegt, bitte lassen Sie sich ein entsprechendes Informationsblatt aushändigen. Haben Sie keine Angehörigen, die Ihnen ein Paket zusenden möchten, können Sie unter Umständen ein solches von einer karikativen Einrichtung erhalten – Informationen dazu bekommen Sie beim Abteilungsbediensteten, Ihrem Sozialarbeiter oder dem Seelsorger. Wer kein Paket erhält, kann zum Ausgleich Nahrungs- und Genussmittel vom Eigengeld beim Einkauf erwerben. Den gewünschten Paketempfang müssen Sie beantragen, Sie erhalten dann eine Paketmarke, die Sie an Ihre Angehörigen weitergeben. Pakete werden nur mit dieser Paketmarke angenommen.

Paketmarke

Für den Empfang Ihres Weihnachts-, Oster- oder Wunschpaketes erhalten Sie jeweils auf Antrag eine Paketmarke, die von Ihren Angehörigen am Paket angebracht werden muss.
Vorsicht, wenn ein anderer Insasse Ihnen eine Paketmarke abkaufen will – was sich vielleicht verlockend anhört, kann schnell schlimme Folgen haben. Ein Paket, welches Ihre Paketmarke trägt, wird nur Ihnen ausgehändigt – lässt der „Kollege" mit Ihrem Paket verbotene Dinge (z.B. Drogen, Handy etc.) einschmuggeln, werden Sie erhebliche Probleme bekommen. Fast alles, was im Paket geschmuggelt wird, fällt auch auf und wird Ihnen zur Last gelegt. Der „Kollege" wird niemals zugeben, mit Ihnen ein Geschäft gemacht zu haben.

Pay-TV

Der Empfang kostenpflichtiger Fernsehsender ist in allen Anstalten verboten, entsprechende Decoder werden Ihnen nicht überlassen.

Pendeln

Es ist Einschluss und Sie stellen fest, dass Sie keinen Kaffee mehr haben? Klassische Lösung: etwas beim Nachbarn borgen, allerdings geht die Tür erst am nächsten Tag wieder auf. Also: Pendeln! Sie klopfen auf die Zellenwand und rufen Ihrem Nachbarn zu: „komm mal ran"– Sie begeben sich beide an Ihre Fenster und

besprechen die Angelegenheit. In aller Regel wird der Kollege etwas Kaffee (oder was Sie sonst benötigen) in ein Tuch oder eine Tasche packen, an eine Schnur befestigen und aus dem Fenster heraus zu Ihnen rüber „pendeln". Auf diese Weise kann man praktisch jede Zelle auf dieser Seite des Hafthauses erreichen.
Da nicht nur Kaffee gependelt werden kann, ist diese uralte Form der Kommunikation verboten und wird disziplinarisch geahndet.

Personalakte

Für jeden Gefangenen wird eine (Personal-) Akte geführt, die alle wichtigen Unterlagen und Informationen zur Person, der Straftat und dem Vollzugsverlauf enthält. Insbesondere werden in ihr das Strafurteil, der Vollzugsplan, persönliche Daten, Anträge und deren Entscheidungen sowie auch durchgeführte Disziplinarverfahren gesammelt. Die Akte ist Grundlage für alle wichtigen Entscheidungen. Ist sie (noch) nicht da, werden solche Entscheidungen bis zu ihrem Vorliegen aufgeschoben.

Pfeffer

Der Besitz von Pfeffer ist Inhaftierten im geschlossenen Vollzug verboten. Dadurch soll verhindert werden, dass Bedienstete durch Zuwerfen oder ins Gesicht blasen vom Pfeffer verletzt oder reaktionsunfähig gemacht werden.

Pflanzen

Im angemessenen Umfang dürfen Sie Pflanzen in Ihrem Haftraum haben. Fragen Sie einfach den Abteilungsbeamten, ob und wie die Beschaffung realisiert werden kann. Mitunter werden Sie aufgefordert, schnell wachsende Sorten regelmäßig zu kürzen, um die Übersichtlichkeit des Haftraumes zu erhalten. Manche JVA genehmigt den Besitz von Pflanzen nicht, weil besonders die Erde mitunter als Versteck benutzt werden kann oder weil die Beschaffung einen zu hohen Aufwand bedeutet.

Popshop

Dieses Wort bezeichnet eine Disziplinarmaßnahme, die offiziell eine „getrennte Unterbringung während der Freizeit" bedeutet. Wenn Sie „Popshop" haben, dürfen Sie weder am Umschluss, noch an Freizeitgruppen teilnehmen. Diese Maßnahme wird oft auch einfach „Umschlusssperre" genannt.

Pornographie

Bei allen Medien im Knast gilt FSK 16 – mehr als ein blanker Busen ist offiziell also nicht erlaubt. Pornographische Filme (DVD's) sind also absolut verboten, der Besitz entsprechender DVD's wird i.d.R. disziplinarisch geahndet. Bei Zeitschriften und Magazinen ist das anders: Pornohefte werden meist geduldet, in vielen Anstalten kann man entsprechende Zeitschriften über den Einkauf beziehen. Es wird allenfalls darauf geachtet, dass nur „normaler" Sex dargestellt wird, also z.B. nichts offensichtlich Gewalttätiges. Wenn Sie pornographische Magazine besitzen, sollten Sie diese nicht verleihen, mitunter kommen diese unvollständig, „verschmutzt" oder gar nicht zurück.

Postkontrolle

Es kann individuelle Gründe geben, Ihre Post zu kontrollieren, liegen solche vor, wird man Ihnen dies mitteilen. Darüber hinaus handhaben die Anstalten die Kontrolle ein- und ausgehender Post völlig unterschiedlich. Während meiner Zeit in der JVA Geldern z.B. wurde sämtliche eingehende Post geöffnet, auf unerlaubte Beilagen kontrolliert und gelesen (mit Ausnahme der im StVollzG geregelten Sonderfälle). Ausgehende Post musste unverschlossen abgegeben werden und wurde auch durch Abteilungsbedienstete kontrolliert und gelesen. In der JVA Remscheid dagegen wird ausgehende Post generell verschlossen abgegeben, eingehende Schreiben werden zwar bei der Übergabe geöffnet (nicht die im Gesetz geregelten Ausnahmen) aber nur auf unerlaubte Beilagen (z.B. Bargeld) überprüft, nicht gelesen.

Im offenen Vollzug erfolgt generell keine Überwachung des Schriftverkehrs, außerdem dürfen Schreiben an und von folgenden Stellen nicht überwacht werden: Volksvertretungen des Bundes und der Länder sowie deren Mitglieder, Europäisches Parlament und dessen Mitglieder, Europäischer Gerichtshof für Menschenrechte, Europäische Kommission für Menschenrechte, Europäischer Ausschuss zur Verhütung von Folter und unmenschlicher oder erniedrigender Behandlung oder Strafe und die Datenschutzbeauftragten des Bundes und der Länder.
Schriftwechsel mit Ihrem Verteidiger wird ebenfalls nicht überwacht, sofern dieser deutlich als „Verteidigerpost“ gekennzeichnet ist und Ihr Anwalt sich in der Anstalt für Sie „bestellt“ hat.

Psychologischer Dienst

Psychologen in Haft sind beteiligt an allen wichtigen Entscheidungen, bei denen die Psyche des Inhaftierten zu berücksichtigen ist. Wenn Sie wegen Gewaltstraftaten in Haft sind, kommen Sie am Psychologen nicht vorbei, wenn Sie Lockerungen oder die Verlegung in den Offenen anstreben. Seien Sie offen und ehrlich – hier machen Sie niemandem etwas vor.

Rauchen

In Haft wird, nicht zuletzt wegen der allgegenwärtigen Langeweile, viel geraucht. Am gängigsten sind selbst gedrehte Zigaretten, die unter den Insassen deshalb auch oft als „Drehung“ bezeichnet werden. Mit „haste mal ne Drehung“ werden Sie also nach einer Zigarette gefragt. Seit der Nichtraucherschutz auch seinen Weg in die deutschen Gefängnisse gefunden hat, ist das Rauchen auf den Fluren und in Gemeinschaftsräumen nicht mehr erlaubt. Ausnahme: Gemeinschaftshaftraum, der nur mit Rauchern belegt ist.
Tabak ist in Haft nicht nur Genussmittel, sondern auch Währung – bei starken Rauchern können Sie fast alles dafür bekommen, besonders rund 1 Woche vor dem Einkauf, wenn die Vorräte zugrunde gehen, steigt der Kurs. Aber Vorsicht: keine Geschäfte unter Gefangenen!

Rechtsberatung

Wenn Sie in Haft rechtliche Beratung benötigen, sollten Sie sich am besten an Ihren eigenen Anwalt wenden. Wenn Sie das nicht wollen oder (z.B. aus finanziellen Gründen) nicht können, nutzen Sie die Rechtsberatung in der JVA. In regelmäßigen Abständen suchen ortsansässige Anwälte die Anstalt auf und halten dort Sprechstunden ab, die Sie kostenlos nutzen können. Stellen Sie rechtzeitig vorher einen Antrag zur Anwaltssprechstunde.
Bitte beachten Sie, dass nur Anwälte Ihnen rechtssichere Auskünfte und eine auf Ihre spezielle Situation ausgerichtete Beratung geben können. In jeder Anstalt treffen Sie immer wieder auf Inhaftierte, die sich quasi selbst zu Rechtsberatern ernannt haben. Hören Sie nicht auf solche Ratgeber – oft ist das, was Ihnen gesagt wird, kein Wissen sondern nur eigene Erfahrungen, die dann auch noch mit viel Fantasie ausgeschmückt werden. Solche Tipps erweisen sich zumeist als schlichtweg falsch.

Religionsausübung

Ganz gleich welcher (anerkannten) Religionsgemeinschaft Sie angehören – Sie dürfen Ihren Glauben „ausüben" – das bedeutet, Sie dürfen grundlegende religiöse Schriften und religiöse Gegenstände (z.B. einen Gebetsteppich) Ihres Glaubens besitzen. Man darf Ihnen die Betreuung durch einen Seelsorger Ihrer Religionsgemeinschaft nicht verbieten – vielmehr werden Sie bei der Kontaktaufnahme unterstützt. Katholische und evangelische Gottesdienste finden in jeder JVA des geschlossenen Vollzuges in einer eigenen Kirche oder anderen geeigneten Räumen statt. Im Offenen wird zumeist die Teilnahme an Gottesdiensten in einer Kirche außerhalb der Anstalt ermöglicht.

Reststrafe

„Ich gehe auf Reststrafe" ist ein Satz, den Sie von anderen Inhaftierten öfter hören werden. Gemeint ist eine vorzeitige Entlassung aus der Haft vor dem Endstrafentermin, aber später als „Zweidrit-

tel“. Eine „bedingte Entlassung mit Aussetzung des Strafrests auf Bewährung“, wie es offiziell heißt, müssen Sie bei der zuständigen Strafvollstreckungskammer beantragen, die entscheidet, nachdem je eine Stellungnahme der JVA und der Staatsanwaltschaft vorliegt. Wird Ihr Antrag genehmigt, erfolgt die Entlassung i.d.R. innerhalb weniger Tage.
Es gibt keinen Anspruch auf Reststrafenentlassung!

Revierdienst

Im offenen Vollzug, aber auch auf einigen Abteilungen im Geschlossenen, vor allem in Wohngruppen, gibt es diverse Räume, die zur gemeinsamen Nutzung zur Verfügung stehen: Toiletten, Duschen, Küchen, Gemeinschaftsräume. In regelmäßigen Abständen werden Sie (meist durch eine ausgehängte Liste) verpflichtet, diese Räume zu reinigen – Sie haben Revierdienst. Dieser Verpflichtung sollten Sie auf jeden Fall nachkommen, da eine Verweigerung oder eine unzureichende Reinigung generell disziplinarisch geahndet werden. Auch wenn Sie persönlich einen oder mehrere Räume nicht benutzen, müssen Sie diese reinigen. Mein Tipp: Hausarbeiter und andere Gefangene sind mitunter bereit, den Revierdienst zu übernehmen – natürlich gegen ein Entgelt. Solche Vereinbarungen werden nach meiner Erfahrung stillschweigend geduldet – in mehreren Jahren offener Vollzug habe ich noch kein einziges Mal den Revierdienst selbst erledigt. Für das, was Ihr „Vertreter“ macht, sind Sie allerdings verantwortlich!

Röhren

Einige namhafte Hersteller bieten große Radio-/CD-Geräte mit besonders hoher Lautstärke- und Bassleistung an. Wegen der runden Bauform werden sie im Knast meist einfach „Röhre“ genannt. Wegen der damit oft verursachten Lärmbelästigung sind diese „Röhren“ inzwischen fast überall verboten.

Roter Punkt

Im geschlossenen Vollzug ist der psychische Druck teilweise besonders hoch – mitunter kommt es sogar zu Selbstmorden oder Versuchen dazu. Die Anstalt ist natürlich bemüht, die Rate solcher Vorfälle möglichst gering zu halten. Deshalb bekommen Insassen, bei denen man von Suizidgefahr ausgeht, einen roten Punkt, der auch auf dem Schild an Ihrer Haftraumtüre außen angebracht wird. Somit wissen die Bediensteten, dass sie – im positiven Sinne – besonders auf Sie achten müssen. Wer einen roten Punkt hat, wird in Abständen von wenigen Minuten beobachtet. Da hierfür i.d.R. nicht genügend Personal zur Verfügung steht, wird der Betroffene grundsätzlich in einer Gemeinschaftszelle untergebracht, die Aufsicht wird also gewissermaßen auf die Mitinsassen übertragen. Verlassen die anderen den Haftraum (z.B. für die Freistunde oder zum Umschluss), darf der Insasse mit dem roten Punkt nicht alleine bleiben – entweder man sperrt ihn zu anderen Gefangenen in einen benachbarten Haftraum oder er muss sich gut sichtbar auf dem Flur vor der Zelle aufhalten. Mit einem roten Punkt bekommen Sie keine Einzelzelle!
Wie man einen roten Punkt bekommt?
Manche Anstalten vergeben ihn vorsichtshalber generell bei Neuzugängen mit hohen Haftstrafen, auf jeden Fall aber bekommen Sie dieses Merkmal bei einem konkreten Anlass. Bei Haftantritt werden Sie gefragt, ob Sie Suizidabsichten haben – ein Ja führt natürlich zum roten Punkt. Auch Hinweise Ihrer Angehörigen oder von Mitgefangenen können dazu führen.
Wie wird man ihn wieder los?
Grundsätzlich erfolgt die Aufhebung des roten Punkt durch den Anstaltsarzt oder einen Psychologen, nachdem man Sie beobachtet und ausführlich mit Ihnen gesprochen hat. Das kann schon einige Tage oder Wochen dauern – bedenken Sie: der rote Punkt ist keine Schikane, sondern das Bemühen der JVA Gesundheit und Leben zu bewahren. Allein in NRW haben sich im Zeitraum 1997-2007 nach Ver-öffentlichungen des Justizministeriums 194 Inhaftierte das Leben genommen, die Zahl der gescheiterten Versuche ist nicht bekannt.

Ruhezeit

Nach dem letzten Einschluss (Nachtverschluss) bis zum ersten Aufschluss am nächsten Tag ist „Ruhezeit", die natürlich vor allem dem Schlaf dient. Respektieren Sie, dass andere schlafen wollen und verhalten Sie sich entsprechend rücksichtsvoll. Das gilt auch für die Benutzung von Musik- und Fernsehgeräten: Zimmerlautstärke ist Pflicht!

Rundfunkgebühren

In Haft sind Sie von der Rundfunkgebührenpflicht befreit, es sei denn, Sie stehen in einem freien Beschäftigungsverhältnis oder einer Selbstbeschäftigung. Am Besten ist es, Sie teilen der GEZ Ihre Inhaftierung mit.

Die Adresse lautet:
GEZ
50656 Köln

Schadensmeldung

Wenn Sie in Haft etwas kaputt machen oder verlieren, wird man Sie zum Schadenersatz heranziehen. Im Klartext: den herunter gefallenen zerbrochenen Teller müssen Sie bezahlen. Einen neuen werden Sie i.d.R. erst bekommen, wenn Sie eine Schadensmeldung unterschreiben haben. Manche Anstalten versuchen auch, beim Wäschetausch verloren gegangene Kleidungsstücke oder Handtücher in Rechnung zu stellen, was höchst umstritten ist – denn nur weil etwas aus dem Wäschegurt gefallen und Ihnen nicht mehr zuzuordnen ist, hat es ja die Anstalt nicht verlassen. Haben Sie einen Schaden nicht verursacht, sollten Sie auch keine Schadensmeldung unterschreiben, trifft Sie jedoch die Schuld, sollten Sie auch dafür einstehen. Der entstandene Schaden wird meist sofort in voller Höhe von Ihrem Haus- oder Eigengeld abgebucht, bei größeren Schäden sollten Sie versuchen, eine Ratenzahlung zu vereinbaren oder Ihr Einverständnis zur Abbuchung vom Hausgeld verweigern – dies darf nämlich nur mit Ihrer Zu-

stimmung in Anspruch genommen werden.
Vorsicht im offenen Vollzug: verloren gegangene Schlüssel gehören meist zu einer Schließanlage und sind entsprechend teuer. Da können leicht mehr als 100 € eingefordert werden.

Schamwand / Schamvorhang

Im geschlossenen Vollzug steht die Toilette in Einzelhafträumen meist ohne eine Abtrennung frei im Raum. Sollten Sie (vorübergehend in einer Notgemeinschaft) zu 2 Personen untergebracht sein, fragen Sie nach einer Schamwand oder einem Schamvorhang. Beides verhindert nicht die Geruchs- und Geräuschbelästigung beim Toilettengang – wenigstens aber der Sichtkontakt wird verhindert.

Scheinwerfer

Mit Einbruch der Dämmerung werden die Hafthäuser im geschlossenen Vollzug mit großen Scheinwerferanlagen, ähnlich dem „Flutlicht“ auf einem Sportplatz, angestrahlt. Auf diese Weise wird eine (Video-) Überwachung auch in der Nacht ermöglicht, was u.a. das so beliebte „Pendeln“ verhindern soll. Gegen die störende Wirkung dieser Dauerbeleuchtung sind die Hafträume mit Vorhängen oder Rollos ausgestattet. Was letztlich positiv gedacht war, führt im Sommer immer wieder zu Problemen, da sich bei zugezogenen Vorhängen die Hitze zum Teil erheblich in den Hafträumen staut.

Schrankeinkauf

Wer neu in die Anstalt kommt, dem fehlt oft selbst das Allernotwendigste, vor allem, wenn man sich nicht selbst gestellt hat, sondern verhaftet wurde. Da es mitunter mehrere Wochen dauern kann, bis man am regulären Einkauf teilnehmen kann, bieten viele Anstalten die Möglichkeit zum „Schrankeinkauf“. Auf diese Weise können Sie meist Kaffee, Zucker, Tabak und einen Tauchsieder bekommen. Wird kein Schrankeinkauf angeboten, fragen Sie ruhig beim Pfarrer nach, oft kann er den Neuzugängen helfen. Mit einem Tauchsieder kann meist auch der Hausarbeiter aushelfen. Wichtig: der Schrankeinkauf ist nicht gratis! Sie müssen das Gekaufte bezahlen, sobald Geld auf Ihrem Haftkonto ist.

Schriftwechsel

Natürlich dürfen Sie in Haft Briefe versenden und empfangen. Die Menge ist i.d.R. unbegrenzt. Eingehende Schreiben werden auf verbotene „Beilagen“ (Bargeld, Drogen etc.) überprüft. Mitunter erfolgt generell oder in Einzelfällen auch eine Kontrolle des Geschriebenen.
Die Kosten für Ihren Schriftwechsel müssen Sie generell selbst tragen – dies umfasst Papier, Umschläge und Briefmarken. Wenn Sie ohne eigenes Verschulden „mittellos“ sind, also kein Geld haben, kann die JVA Ihnen Briefmarken in angemessenem Umfang (etwa max. 5 Stück pro Monat) zur Verfügung stellen. Manche Anstalten spendieren auch Papier und Umschläge – fragen Sie einfach den Abteilungsbediensteten.

Schüttelcomic

Ein anderes Wort für ein Pornoheft.

Schulden

Sie haben Schulden? Dann geht es Ihnen wie den meisten Inhaftierten. Ich empfehle Ihnen: nutzen Sie die Haftzeit, um sich um Ihre finanziellen Verpflichtungen zu kümmern. Sprechen Sie mit der Schuldnerberatung der JVA oder Ihrem Sozialarbeiter. Auch ein ehrenamtlicher Betreuer kann u.U. sehr hilfreich sein, da dieser meist bereit und in der Lage ist auch Kontakte nach draußen zu pflegen. Nutzen Sie ggfs. die Möglichkeiten des privaten Insolvenzverfahrens. Nehmen Sie Kontakt zu Ihren Gläubigern auf und informieren Sie diese über Ihre Inhaftierung. Je nach Dauer der Haft können Sie evtl. Stundungen oder Vergleiche aushandeln. Werden Sie aktiv! Zum einen können Sie so Ihre Schulden regeln, zum anderen wird man es auch in der JVA positiv werten, wenn Sie sich selbst um Probleme kümmern.

Schuldenburg

In manchen Anstalten existieren abgetrennte Stationen, auch Schuldenburgen genannt, auf denen Inhaftierte getrennt untergebracht werden, die Schulden (vor allem aus Drogenkonsum resultierend) bei anderen Gefangenen haben, denen sie nicht nachkommen können. Die separate Unterbringung dieser „Schuldner" soll vor gesundheits- oder lebensbedrohenden Angriffen ihrer „Gläubiger" bzw. deren „Eintreiber" schützen.

Schwarzes Brett

Allgemeine Informationen (Speise- und Sportpläne, Einkaufstermine), aber auch spezielle und aktuelle Hinweise wie Veranstaltungen, GMV-Mitteilungen, etc. werden am „schwarzen Brett" ausgehängt. Diese Infowände befinden sich in jeder JVA und ich kann Ihnen nur dringend empfehlen, hier immer wieder nach Neuigkeiten zu schauen – es schadet auf keinen Fall, einen Block und einen Stift mitzunehmen um sich z.B. wichtige Termine zu notieren. Wichtig: Was ausgehängt wird, gilt! Sie können sich nicht darauf berufen, z.B. Ihren Revierdienst nicht gemacht zu haben, weil Sie den Aushang hierzu nicht beachtet haben.

Seelsorge

Wenn Sie menschlichen Beistand benötigen, zögern Sie nicht, sich an die Pfarrer und Pastoren in der JVA zu wenden. Nach meinem Kenntnisstand haben diese Seelsorger praktisch immer ein offenes Ohr für die Gefangenen – meist auch, wenn diese einer anderen oder keiner Konfession angehören. Schreiben Sie einfach einen kurzen Antrag an den Pfarrer – er wird dann auf Sie zukommen.

Sehhilfe (Brille)

Für die Verordnung und Aushändigung einer Sehhilfe ist das Lazarett zuständig. Meist steht die benötigte optische Ausrüstung in der JVA bereit, die regelmäßig einen freien Optiker beauftragt, die betroffenen Gefangenen zu untersuchen und notwendige Sehhilfen herzustellen. Eine Überprüfung Ihrer Sehkraft erfolgt nicht automatisch – Sie müssen diese beantragen.

Selbstbeschäftigung

Die Anstalt kann Ihnen gestatten, sich selbst zu beschäftigen, also einer selbstständigen beruflichen Tätigkeit nachzugehen. Organisatorisch bedingt besteht diese Möglichkeit vor allem im offenen Vollzug. Sie müssen die gewünschte Selbstbeschäftigung beantragen – wurde diese bewilligt, ist für die weitere Abwicklung die Arbeitsverwaltung zuständig. Mit Beginn der Selbstbeschäftigung werden Sie grundsätzlich zur Zahlung von Haftkostenbeiträgen verpflichtet.

Selbststeller

Es gibt 2 Möglichkeiten, die Haft anzutreten: Sie können abwarten, bis Sie von der Polizei verhaftet werden oder Sie stellen sich selbst in der Ihnen zugewiesenen JVA. Einige „harte Kerle" im Knast belächeln „Selbststeller" als Täter ohne Stolz. Derart hirnlose Einschätzungen sollten Sie nicht weiter beeindrucken, es ist richtig und wichtig, sich selbst zu stellen! Auf diese Weise haben Sie am ehesten die Möglichkeit den Termin des Strafantritts zu beeinflussen und Sie können gleich die nötige Grundausstattung mitbringen. Außerdem zeigen Sie, dass Sie Verantwortung übernehmen und Ihre Strafe akzeptieren – Sie vermeiden so sehr wahrscheinlich einen roten Punkt und da man bei Selbststellern kaum von Fluchtgefahr ausgeht, wirkt sich das oft positiv auf die Gewährung von Lockerungen aus.

Sexualität

Im offenen Vollzug werden Sie viele Möglichkeiten haben nach Hause zu fahren und dort (oder anderswo) auch Ihre Sexualität auszuleben. Das gleiche gilt für den geschlossenen Vollzug dann, wenn Sie Ausgang oder Urlaub bekommen. Haben Sie (noch) keine Lockerungen, sieht es allerdings ganz anders aus. Dann bleibt im Grunde nur noch die Selbstbefriedigung, über die im Knast übrigens recht offen, mitunter auch befremdlich frei gesprochen wird. „Haste mal ne Wichsvorlage“ oder „Ich hol mir jetzt mal einen runter“ sind noch eher harmlose Äußerungen. Klar ist – jeder macht's und jeder weiß es! Ich empfehle ein gesittetes Miteinander und Rücksichtnahme. Ich kann mich noch sehr gut erinnern, wie furchtbar ich es empfand, wenn während meiner Unterbringung in einer Notgemeinschaft das Etagenbett nachts anfing zu wackeln...

Sex unter Mitgefangenen kommt vor – bei entsprechender Neigung sollten Sie unbedingt Ihre Gesundheit schützen. Fragen Sie ggfs. den Anstaltsarzt nach Kondomen. Während der Umschlusszeiten sollten Sie beachten, dass die Türe jederzeit unerwartet von einem Bediensteten geöffnet werden kann – so manches gleichgeschlechtliche Pärchen wurde so schon „ertappt“.

Langzeitbesuche bieten Möglichkeiten zu ungestörter Nähe mit dem eigenen Partner. Auch wenn Sex nicht Hauptzweck des LZB sein soll, stellen manche Anstalten kostenlos Kondome für diese Besuche zur Verfügung.

Sicherheit und Ordnung

Es versteht sich von selbst, dass in einer Anstalt, in der mitunter viele hundert Menschen unfreiwillig auf engem Raum zusammen leben, auf die Einhaltung von Sicherheit und Ordnung besonderer Wert gelegt werden muss. Das Strafvollzugsgesetz enthält einen ganzen Titel mit 14 Paragraphen allein zu dem Bereich S+O. Geregelt sind dort Grundsätze, Verhaltensvorschriften, persönlicher Gewahrsam + Eigengeld, die Durchsuchung, eine sichere Unterbringung, erkennungsdienstliche Maßnahmen, die Anferti-

gung von Lichtbildern der Gefangenen, besondere Sicherungsmaßnahmen und vieles mehr.
Grundsätzlich gilt: halten Sie sich an Weisungen der Bediensteten, sorgen Sie für einen ordentlichen Zustand Ihres Haftraums und der Ihnen überlassenen Gegenstände, tun Sie nichts, was andere Personen gefährden könnte und bringen Sie nichts Verbotenes in Ihren Besitz.
Bedienstete, die sich besonders oder ausschließlich mit Belangen der Sicherheit und Ordnung befassen, werden oft auch einfach als „S+O" bezeichnet.
„Die von S+O haben meine Zelle auseinander genommen und so einiges rausgeholt" bedeutet also die Haftraumdurchsuchung, bei der unerlaubte Gegenstände gefunden wurden.
Sorgen Sie im eigenen Interesse dafür, mit S+O keine Probleme zu bekommen.

Sicherungsmaßnahmen

Wenn man bei Ihnen von Fluchtgefahr ausgeht oder befürchtet, Sie würden sich oder andere verletzen, darf die Anstalt besondere Sicherungsmaßnahmen gegen Sie anordnen. Zulässig sind z.B. die Wegnahme von Gegenständen (z.B. Schere, Gabel, Rasierklingen), die Beobachtung bei Nacht, die Absonderung von anderen Gefangenen (kein Umschluss, keine Freizeitgruppen, Einzelhofgang, Einzelduschen,etc.), Aufenthaltsbeschränkung im Freien, die Unterbringung in einem besonders gesicherten Haftraum und sogar die Fesselung.

Sittich

Inhaftierte, die wegen sexueller Straftaten gegen Minderjährige verurteilt sind, werden als „Sittich" bezeichnet. Beim Missbrauch von Jungen wird zum Teil auch vom „Rosetten-Sittich" gesprochen. Sittiche befinden sich in der Knast-Hierarchie auf der untersten Stufe und werden im besten Fall gemieden.
Wer mit anderen Gefangenen nicht über seine eigene Straftat reden will, kann schnell in den Verdacht geraten, ein Sittich zu sein.

Um möglichen Problemen aus dem Weg zu gehen, sollten Sie daher zum Gegenbeweis stets ein Vollstreckungsblatt oder – noch besser – Ihr Gerichtsurteil bereit haben.

Sozialarbeiter

In jeder JVA helfen Sozialarbeiter den Inhaftierten, ihre persönlichen Angelegenheiten zu regeln und Schwierigkeiten zu lösen. Sozialarbeiter unterstützen Sie bei der Kontaktpflege zu Ihren Angehörigen und beraten Sie in Angelegenheiten der Sozialversicherung sowie zur Entlassungsvorbereitung.
Gerade Inhaftierte, die diese Hilfe nicht benötigen, unterschätzen wie wichtig der Sozialarbeiter auch für sie ist.
Alle Entscheidungen über Lockerungen im Vollzug werden zwar in einer Konferenz vom Anstaltsleiter getroffen, vorbereitet werden diese aber i.d.R. vom zuständigen Sozialarbeiter! Sie können davon ausgehen, dass die Anstaltsleitung dieser gründlichen Vorbereitung vertraut und entsprechend entscheidet. Es ist also sehr wichtig, sich der Einflussnahme des Sozialarbeiters bewusst zu werden. Seien Sie ihm gegenüber offen und suchen Sie das Gespräch. Beteiligen Sie sich von Anfang an sehr offensiv an Ihrer Vollzugsplanung. Oft ist Ihr Sozialarbeiter „der Schlüssel zum Erfolg"!

Sozialleistungen

Dieses Buch soll Ihnen helfen, sich im Gefängnis zurecht zu finden – darüber hinaus bringt Ihre Inhaftierung natürlich weitere Probleme draußen mit sich, vor allem, was mögliche Sozialleistungen für Ihre Angehörigen während und auch für Sie nach der Haft betrifft. Ich will hier das Rad nicht neu erfinden - es gibt eine hervorragende Broschüre zu diesem Thema: den „Wegweiser". Inhaftierte und Angehörige bekommen das Heft gratis bei der:

Bundesarbeitsgemeinschaft für Straffälligenhilfe (BAG-S) e.V.
Oppelner Str. 130
53119 Bonn

Spannmann

Sie sind in einem Gemeinschaftshaftraum untergebracht? Dann ist jeder Ihrer „Mitbewohner" Ihr Spannmann (=Kumpel) oder auch Zellengenosse.

Speiseplan

Wöchentlich werden die aktuellen Speisepläne am Schwarzen Brett ausgehängt. Dort ist für jeden Tag der Woche und für alle Kostformen ersichtlich, welche Essen für morgens, mittags und auch abends geplant sind. Aus verschiedenen Gründen kann es zu Abweichungen kommen – im Allgemeinen hält sich die Küche aber an die Planung. Liest man die Speisepläne, erwartet man mitunter reinste Gourmet-Menüs, die Realität ist dann meist sehr ernüchternd. Ich habe einmal einen Bediensteten auf die Qualität des Essens angesprochen und bekam die Antwort: „Das Essen soll nahrhaft sein, nicht schmackhaft." In der JVA werden verschiedene Kostformen angeboten: normal, vegetarisch, Krankenkost und sog. „Moha" – also ohne Schweinefleischanteile. Für jede Kost-Form gibt es einen separaten Speiseplan.

Spielekonsolen

Langeweile ist ein verbreitetes Problem in den Vollzugsanstalten, es gibt bei weitem nicht für jeden Insassen Arbeit, so dass viele täglich 23 Stunden ohne Beschäftigung in ihrem Haftraum verbringen. Spielekonsolen sind daher bei Inhaftierten sehr beliebt, allerdings ist längst nicht alles erlaubt, was draußen zu bekommen ist. Die Play Station II z.B. ist fast überall verboten. Fragen Sie also vor der Anschaffung unbedingt nach – zur Genehmigung ist ohnehin ein schriftlicher Antrag erforderlich.

Sport

Jede Vollzugsanstalt bietet ein mehr oder weniger breites Sportprogramm an. Kraftsport und Fußball sind unter den Inhaftierten

besonders beliebt, darüber hinaus werden meist diverse andere Sportarten angeboten: Badminton, Tischtennis, Laufen, Leichtathletik, diverse Ballspiele, Spinning, etc.
Die Ausstattung der Anstalten ist sehr unterschiedlich, Sportplätze stehen fast überall zur Verfügung, oft auch Sporthallen und eine JVA verfügt sogar über ein Schwimmbad.
Sportgruppen sind beliebt und mitunter für viele Monate ausgebucht – hier besonders die Kraftsportgruppen. Zur Teilnahme an einer Gruppe richten Sie einen Antrag an den Sportbereich der Anstalt. Sie werden informiert, sobald Sie in die gewünschte Gruppe aufgenommen worden sind.
Vorsicht: wer trotz Mitgliedschaft nicht teilnimmt, fliegt auch sehr schnell wieder raus!

Spraydosen

Im geschlossenen Vollzug sind druckbetätigte Behältnisse verboten also z.B. Deodorant, Haar- oder Raumspray aus Sprühflaschen. Deo bringen Sie also möglichst als „Roller“ mit, Haar- und andere Sprays in Pumpflaschen, die allerdings auch nicht überall erlaubt sind.

Stellungnahme

Wenn Sie bei der Strafvollstreckungskammer des zuständigen Landgerichts einen Antrag auf vorzeitige Entlassung stellen, holt das Gericht vor der Entscheidung u.a. eine Stellungnahme der JVA ein. Sie können davon ausgehen, dass die Kammer i.d.R. der Einschätzung der JVA folgen wird – eine negative Stellungnahme führt daher fast immer zur Ablehnung Ihres Antrags.
Ich kann Ihnen daher nur empfehlen: warten Sie nicht einfach auf die Stellungnahme, sondern sprechen Sie rechtzeitig vorher mit Ihrem Sozialarbeiter, der diese vorbereitet. Wichtig ist die Perspektive, die Sie nach einer möglichen Entlassung haben. Wenn Sie feste soziale Bindungen draußen haben oder sogar ein Arbeitsplatzangebot, weisen Sie darauf hin und legen Sie Nachweise, z.B. ein Schreiben des Arbeitgebers vor. Wenn Sie selbst

aktiv werden, haben Sie die Chance Ihre Stellungnahme positiv zu beeinflussen.
Allerdings nach meiner persönlichen Erfahrung gibt es durchaus auch Sozialarbeiter, die generell „nach Akte“ entscheiden und kaum ein Gespräch zulassen – in diesem Fall hat man halt „Pech“ gehabt.

Strafvollstreckungskammer

Diese Abteilung des Landgerichts ist für erstinstanzliche Entscheidungen zuständig, wenn es um eine mögliche vorzeitige Entlassung geht, aber auch bei anderen Anträgen auf gerichtliche Entscheidung, die Sie stellen wollen.
Anträge auf vorzeitige Entlassung sind etwas völlig normales und tägliche Praxis für alle Beteiligten. Bevor Sie sich mit anderen Dingen (Beschwerden) an das Gericht wenden, sollten Sie auf jeden Fall versuchen, die Probleme in der JVA mit den dortigen Entscheidungsträgern zu lösen. Bei berechtigten Anliegen wird oft schon der Hinweis genügen dass Sie bereit sind vor Gericht zu klagen um eine positive Entscheidung herbei zu führen.

Strafvollzugsgesetz

Bis zum Jahr 2008 gab es bundesweit ein einheitliches Strafvollzugsgesetz, welches aus dem Jahr 1976 stammte. Seit der s.g. „Föderalismusreform“ kann jedes Bundesland den Strafvollzug (gesetzlich) selbst regeln, was die ohnehin bestehenden Unterschiede im Vollzug entsprechend ausweitet. Inzwischen gibt es eigene Strafvollzugsgesetze in Bayern, Hamburg und Niedersachsen, für die anderen Länder gilt weiterhin das ursprüngliche StVollzG.
Sie sollten sich auf jeden Fall eine Ausgabe des für Sie gültigen Gesetzestextes beschaffen – schließlich regelt das StVollzG für die nächste Zeit Ihr Leben. Im Buchhandel gibt es diverse Taschenbücher. Wählen Sie möglichst eine Ausgabe „mit Verwaltungsvorschriften“, da diese zusätzliche Informationen enthalten, wie das Gesetz in der Praxis angewendet wird.

SVU (Selbstverschuldet Unbeschäftigt)

siehe Beschäftigungsstatus

Tätowierungen

Wer tätowiert ist, fährt zur See oder sitzt im Knast. So ganz stimmt dieses Klischee nicht mehr – trotzdem sind Tätowierungen in Haft nach wie vor ein wichtiges Thema.
Ich habe hier schon viele Tattoos gesehen – allerdings hatte ich bei keinem einzigen den Eindruck das es handwerklich gut gemacht sei. Die Umstände, unter denen in Haft tätowiert wird, erklären die oft schlechte Qualität. Das Tätowieren ist verboten, somit steht auch keine professionelle Ausrüstung zur Verfügung. Die im Knast verwendeten Maschinen werden also aus Elektrorasierern oder elektrischen Zahnbürsten selbst gebaut, zum Einsatz kommen einfache Nähnadeln und nicht geeignete Farbe oder Tusche. Tätowiert wird unter Zeitdruck und bei völlig unzureichenden Hygiene-Bedingungen. Eine Nachversorgung der Wunde erfolgt nicht. Oft werden Tattoos gar nicht fertig gestellt weil z.B. das Tätowiergerät gefunden und eingezogen wurde.
Mein Rat: wenn Sie sich unbedingt tätowieren lassen wollen, warten Sie bis Sie wieder draußen sind!

Taschengeld

Wenn Sie ohne eigenes Verschulden unbeschäftigt sind und nicht über eigenes Geld verfügen, kann Ihnen Taschengeld gewährt werden. Die Höhe ist gesetzlich geregelt und liegt bei etwa knapp über 30,- € monatlich. Taschengeld müssen Sie mit einem speziellen Formular bei der Arbeitsverwaltung der JVA beantragen. Das Taschengeld wird Ihnen als Hausgeld gutgeschrieben, über welches Sie frei für den Einkauf oder anderweitig verfügen können.

Telefonieren

Die Anstalt kann Ihnen gestatten, mit Angehörigen zu telefonieren. Im offenen Vollzug befinden sich auf dem JVA-Gelände meist mehrere Münzfernsprecher, die Sie i.d.R. unbegrenzt nutzen können. Im geschlossenen Vollzug sind die Konzepte sehr unterschiedlich. In der JVA Geldern beispielsweise durfte ich etwa alle 10 Tage ein Gespräch führen. Das Telefonat fand jeweils im Beamtenbüro statt und wurde von den Bediensteten überwacht. Die JVA Remscheid dagegen nutzt derzeit ein Telio-System. Auf dem Flur jeder Haftabteilung befindet sich ein Telefonapparat der zu festgelegten Zeiten benutzt werden kann. Es können nur solche Rufnummern gewählt werden, deren Inhaber sich zuvor schriftlich mit Anrufen des betreffenden Gefangenen einverstanden erklärt haben. Die Anzahl der Rufnummern ist begrenzt. Die Anstalt behält sich vor Gespräche mitzuhören.
Fragen Sie Ihren Abteilungsbeamten, wie in Ihrer Anstalt das Telefonieren geregelt ist. In dringenden Fällen fragen Sie Ihren Sozialarbeiter oder Pfarrer, ob dieser Ihnen ein Telefonat ermöglicht. Handys sind im geschlossenen Vollzug generell und auch in den meisten Anstalten des offenen Vollzugs verboten!

Tierhaltung

Tiere im Knast? Ja – die gibt's. Die Haltung von Tieren in der Strafhaft sorgt nicht nur für weniger Langeweile sondern kann auch soziale Kompetenz vermitteln und fördern. Der Inhaftierte ist für Anschaffung, Ausstattung, Verpflegung und ggfs. medizinische Maßnahmen selbst verantwortlich, insbesondere hat er alle Kosten selbst zu tragen. Für die Tierhaltung in Haft kommen insbesondere Vögel und Fische in Betracht. Nicht jeder Gefangene kann wahllos Tiere halten, erst nach Antragstellung und Genehmigung ist das überhaupt möglich. Darüber hinaus wird die Tierhaltung oft nur bei längeren Haftstrafen erlaubt. Auch hier verfolgt praktisch jede JVA ein eigenes Konzept. Im offenen Vollzug wird meist keine Tierhaltung erlaubt.

Toilettenpapier

Auch heute noch finde ich es befremdlich, dass praktisch in jedem Haftraum Toilettenpapier offen herumliegt. Da Papiertaschentücher und s.g. „Küchenrollen“ aber allenfalls über den Einkauf zu bekommen sind, während Toilettenpapier kostenlos von der Anstalt zur Verfügung gestellt wird, dient dieses als Universalmittel.

Transport

Fast jeder Inhaftierte im geschlossenen Vollzug geht irgendwann „auf Transport“. Dies ist immer dann der Fall, wenn Sie in eine andere Anstalt verlegt werden oder außerhalb der JVA an einem (Gerichts-) Termin teilnehmen müssen. Zu örtlich nahegelegenen Terminen oder für Facharztbesuche werden Sie i.d.R. einzeln transportiert. Dabei werden Sie von 2 oder mehr Bediensteten in einem kleinen Justizfahrzeug (etwa VW-Bus Größe) zum Zielort gebracht. Verlegungen und weiter entfernte Termine werden meist über einen Sammeltransport abgewickelt, wohl jeder hat diese großen grün-weißen Spezialbusse mit kleinen Sichtfenstern schon gesehen. Die Busse verfügen über kleine Kabinen mit einem oder mehreren Sitzplätzen und sind alles andere als komfortabel. Ein Transport kann mitunter mehrere Zwischenstationen (in verschiedene JVA) haben und sich durchaus auch über mehrere Tage erstrecken. Nachts wird man in einer Durchgangszelle der angefahrenen Zwischenstation untergebracht. Besonders beliebt sind diese Transporte nicht, es sei denn, man wird vom geschlossenen in den offenen Vollzug verlegt. Wenn Sie auf „Transport“ gehen, nehmen Sie auf jeden Fall etwas zu Essen, Kaffee, eine Tasse und einen Tauchsieder mit, bei mehrtägigen Transporten auch Zahnbürste, Zahnpasta, Seife und etwas zum Lesen.

Überbrückungsgeld

Egal wie lange es auch dauert, irgendwann ist Ihre Haftzeit vorbei und Sie werden entlassen. Um den Unterhalt für Sie und Ihre Angehörigen für die ersten Wochen nach der Haft sicher zu stellen,

wird aus Ihren Bezügen während der Haft ein s.g. „Überbrückungsgeld“ angespart. Monatlich wird also ein festgelegter Teil Ihrer Einkünfte (sofern Sie solche haben) für Sie separat angespart. Derzeit liegt das Ü-Geld für Gefangene ohne anrechenbare Angehörige bei gut 1400,- €, es erhöht sich mit der Zahl Ihrer Angehörigen – den genauen Betrag erfahren Sie bei Ihrem Sozialarbeiter. Überbrückungsgeld unterliegt einem Pfändungsschutz – es wird Ihnen i.d.R. bei der Entlassung in bar ausgezahlt. Wenn es Ihrer Eingliederung dient, kann auch vorher eine teilweise Verfügung genehmigt werden, z.B. zur Zahlung einer Mietkaution kurz vor der Entlassung.
Auf Antrag (!) wird Ihr Ü-Geld zinsbringend angelegt, wenden Sie sich hierzu an die Zahlstelle der Anstalt.

Umlauf

Dieser Begriff beschreibt zwei unterschiedliche Abläufe im Justizvollzug. Zum Einen den Transport von Gefangenen mittels der bekannten Justiz-Busse auf einer festgelegten Route (Linienverkehr). Zum Anderen ist die Vorlage der Gefangenenpersonalakte bei verschiedenen Stellen gemeint. Ein solcher Umlauf der Akte erfolgt bei Neuzugängen und immer dann, wenn wichtige Entscheidungen z.B. zur Lockerung getroffen werden sollen.

Umschluss

Im geschlossenen Vollzug haben Sie meist täglich die Möglichkeit für einen mehrstündigen „Umschluss“. Sie können also in Ihrem Haftraum Besuch anderer Insassen empfangen oder selbst andere besuchen. Umschluss ist beliebt um gemeinsam zu kochen, etwas zu spielen, einen Film zu gucken oder einfach zum Quatschen. Sie werden gemeinsam mit Ihren Umschlusspartnern in der betreffenden Zelle eingeschlossen. Umschluss findet zu festgelegten Zeiten statt und ist in der Dauer begrenzt. Meist gibt es auch eine Höchstgrenze für die Zahl der Teilnehmer in einem Haftraum. Oft wird der Umschluss nur innerhalb einer Abteilung oder eines Flügels der Anstalt zugelassen. Es wird notiert und gespeichert, wer wann mit

wem Umschluss macht – wird einer Ihrer Umschlusspartner z.B. mit Drogen auffällig, kann es durchaus sein, dass auch Sie befragt und durchsucht werden. Zum Umschluss nehmen Sie eine Tasse und einen Stuhl mit, für Getränke und Lebensmittel sorgen alle Teilnehmer gemeinsam.
Als besondere Form gilt der sog. „Lernumschluss", der ausschließlich Teilnehmern an Bildungsmaßnahmen – meist zusätzlich zum normalen Umschluss gewährt wird. Wie der Begriff schon sagt, dient er dem gemeinsamen Lernen – oft ist er deshalb auch „flügelübergreifend" möglich.
Ein Hin und Her während des Umschluss ist meist nicht möglich, Sie sollten also darauf gefasst sein, während dieser Zeit auch die Toilette des Besuchten zu benutzen bzw. Ihre Toilette zur Verfügung zu stellen. Es ist aber völlig normal, dass einer offen in die Schüssel pinkelt, während die anderen z.B. beim Kartenspiel ihren Kaffee trinken. Ein „großes Geschäft" verrichtet beim Umschluss niemand!
Als Teil einer Disziplinarmaßnahme kann Ihnen der Umschluss für eine festgelegte Dauer versagt werden.

Unterricht

Zum Ziel der Resozialisierung wird im Strafvollzug ein ganzer Katalog schulischer Bildungsmaßnahmen angeboten. So gibt es Elementar- und Alphabetisierungskurse sowie diverse Kurse zur schulischen Förderung. Für Ausländer werden Deutschkurse angeboten und es gibt die Möglichkeit verschiedene Schulabschlüsse zu erlangen.
Wenn Sie an Bildungsmaßnahmen teilnehmen möchten, fragen Sie nach dem Angebot der JVA – hierzu wenden Sie sich am Besten direkt an den Pädagogischen Dienst.
Einige Bildungsmaßnahmen finden in speziell ausgestatteten Anstalten statt, zur Teilnahme müssen Sie einer Verlegung dorthin zustimmen.

UVU (Unverschuldet Unbeschäftigt)

siehe Beschäftigungsstatus

Urinkontrolle

siehe „Abpinkeln“

Urlaub

Um eines gleich vorweg deutlich zu sagen: es gibt keinen Anspruch auf Urlaub! Hinweise anderer Häftlinge wie: „Die müssen Dich x Monate vor Deinem Entlassungstermin in den Urlaub lassen“ sind schlichtweg falsch! Nur wenn Sie als „urlaubsgeeignet“ eingeschätzt werden, wird man Sie auch raus lassen – im Klartext bedeutet das, dass man nicht befürchtet, Sie würden den Urlaub zur Flucht oder zu weiteren Straftaten missbrauchen. Ihre Urlaubseignung wird auf Ihren Antrag hin in einer Konferenz festgestellt (oder eben auch nicht!). Fällt die Entscheidung positiv aus, wird die Anstaltsleitung Ihnen mitteilen, ab wann, wie viel und unter welchen Weisungen Sie Urlaub bekommen können. Auch hier gibt es keinen Anspruch darauf, dass der volle gesetzliche Rahmen ausgeschöpft wird – die JVA kann Ihnen 21 Tage Jahresurlaub geben – aber eben auch weniger! Man wird Ihnen ein Urlaubskontingent nennen, welches Sie dann einzeln „abrufen“ können. Für jeden Urlaub müssen Sie einen separaten Antrag stellen! Steht Ihre Urlaubseignung fest, können Sie neben dem „normalen“ Urlaub auch Freistellungsansprüche zum Verslassen der Anstalt nutzen. In bestimmten Fällen ist dann auch die Gewährung von Sonderurlaub möglich, z.B. im Todesfall eines nahen Angehörigen.
Wichtig: Die Kosten für Ihren Urlaub (Fahrt, Unterkunft, Nahrung) müssen gesichert sein. Verfügen Sie nicht über entsprechende Mittel, wird die Anstalt Ihren Urlaub davon abhängig machen, dass Sie von Angehörigen abgeholt und zurückgebracht werden. Holt Sie niemand, wird man Sie an der Außenpforte auch nicht in den Urlaub gehen lassen!

Es ist wohl selbstverständlich, dass Sie pünktlich in die JVA zurück zu kehren haben, darüber hinaus kann Ihr Urlaub an Weisungen (z.B. absolutes Alkoholverbot, etc.) gebunden sein, die Sie peinlich genau einhalten sollten. Verstoßen Sie dagegen, ist die Urlaubseignung weg und kommt auch so schnell nicht wieder.

Verhaftung

Wenn Sie der Aufforderung zum Haftantritt nicht fristgerecht nachkommen, werden Sie von der Polizei verhaftet – ganz sicher! Lassen Sie es nicht soweit kommen, nutzen Sie die Vorteile und Möglichkeiten als Selbststeller!

Verlegung

Unter bestimmten Umständen kann es vorkommen, dass Sie in eine andere Anstalt verlegt werden. Meist wird eine Verlegung in Ihrem Sinne sein, denn Sie soll Ihrer Behandlung oder der Eingliederung nach der Entlassung dienen. Verlegungen erfolgen z.B. zur Besuchszusammenführung, Ausführung und Ausgang, für schulische oder berufsbildende Maßnahmen, aber auch z.B. für Begutachtungen, ärztliche Untersuchungen oder Behandlung in einem Justizkrankenhaus. Mit Ihrer Zustimmung können Sie auch in eine Anstalt des offenen Vollzugs verlegt werden.
Allerdings kann es auch vorkommen, dass Sie aus organisatorischen Gründen des Vollzugs verlegt werden, z.B. zum Belegungsausgleich.

Verpflegung

Während Ihres Haftaufenthaltes werden Sie grundsätzlich von der JVA verpflegt. Diese Verpflegung umfasst Frühstück, ein warmes Mittagessen sowie ein Abendessen. Morgens wie abends erhalten Sie Tee, Kaffee oder Kakao sowie meist 1x wöchentlich 2 Liter haltbare Milch. Das Frühstück besteht i.d.R. aus Brot und einem Brotaufstrich – bitte beachten Sie, dass gerade der Aufstrich (Marmelade, Zuckerrübensirup, Nougatcreme, etc.) i.d.R. auf ein-

mal für mehrere Tage ausgegeben wird. Teilen Sie sich diesen daher auf. Arbeiter erhalten meist eine Zugabe, das sog. „Arbeiterfrühstück"- z.B. ein Ei, Joghurt, etc.
Die Mittagskost wird aus Kübeln oder in Menagen ausgegeben.
Abends gibt es meist wieder Brot und einen Belag aus Wurst oder Käse. Welches Essen für die laufende Woche vorgesehen ist, können Sie dem Speiseplan entnehmen, der regelmäßig ausgehängt wird.
Wichtig: am Wochenende und Feiertagen erfolgt die Frühstücksausgabe meist zusammen mit dem Abendessen am Vortag! Zurzeit bekomme ich z.B. samstags mittags die Mittagskost, das Abendessen und das Frühstück für den nächsten Tag gleichzeitig. Lassen Sie sich an diesen Tagen also genügend Brot geben!
Wenn Sie etwas anderes als die Normalkost essen möchten (z.B. vegetarisch) oder müssen (z.B. bei Laktoseintoleranz), sprechen Sie mit dem Anstaltsarzt – er wird ggfs. Ihre Kostumstellung veranlassen.
Wenn Sie im offenen Vollzug einem freien Beschäftigungsverhältnis nachgehen, können Sie sich von der Kostteilnahme befreien lassen, hierdurch werden dann auch die zu entrichtenden Haftkostenanteile gesenkt.

Verplombung

Ihre persönliche Habe, die auf der Kammer für Sie verwahrt wird, verpacken die Mitarbeiter in Ihrem Beisein in Kartons und einem Kleidersack. Ausweispapiere, Brieftasche und Schlüssel kommen in einen speziellen Umschlag. Alle diese Behältnisse werden verschlossen und so mit einer Sicherheitsplombe versehen, dass sie nur durch deren Zerstörung geöffnet werden können. Das gleiche gilt für alle Dinge, die Sie bei einer Verlegung mit „auf Transport" nehmen. Ihr persönliches Eigentum ist also vor fremdem Zugriff geschützt.
Darüber hinaus werden fast alle Elektrogeräte, die Sie in Ihrem Haftraum verwenden wollen zuvor überprüft und mit speziellen Plomben (Aufkleber) versiegelt. Hiermit soll verhindert werden, dass Sie Elektrogeräte öffnen und manipulieren oder als Versteck

für Unerlaubtes nutzen. Eine beschädigte Plombe führt grundsätzlich zum Entzug des Gerätes, einer neuen Überprüfung und Verplombung auf Ihre Kosten und nicht selten auch zu einem Disziplinarverfahren gegen Sie!

Verteidiger

Selbstverständlich können Sie Besuche Ihres Verteidigers empfangen und einen Schriftwechsel mit ihm führen. Damit beides nicht überwacht wird und der Besuch nicht auf Ihr Besuchskontingent angerechnet wird, müssen Sie den/die Verteidiger „eintragen“ lassen. Dazu richten Sie einen Antrag an die Vollzugsgeschäftsstelle (VZ). Manche Anstalten verlangen auch eine schriftliche Bestätigung Ihres Anwalts, dass er aktuell für Sie tätig ist.

Verteidigerpost

Der Schriftwechsel mit Ihrem Verteidiger wird nicht überwacht. Um das sicherzustellen muss die Anstalt natürlich wissen, dass dieser Rechtsanwalt für Sie tätig ist und die Briefe von und an Ihren Anwalt müssen deutlich gekennzeichnet sein.
Also – schreiben Sie auf jeden Umschlag, den Sie an Ihren Verteidiger senden, deutlich das Wort „Verteidigerpost“, am Besten auf Vorder- und Rückseite. Das gleiche sollte auch der Anwalt bei Schreiben machen, die er Ihnen zusendet.

Vertrauen

Die Lebensbedingungen im Knast sind schwierig, Bekanntschaften sind oberflächlich und letztlich ist fast jeder hier auf seinen eigenen Vorteil bedacht. Gehen Sie sparsam mit Ihrem Vertrauen um, so schützen Sie sich vor einem Abzug und geben auch einem Zinker keine Chance, Ihnen Schwierigkeiten zu machen. Verliehenes bekommt man oft viel später als vereinbart zurück oder auch gar nicht. Wenn die falschen Leute etwas über Sie wissen, werden sie womöglich entsprechend Druck ausüben. Sollten Sie z.B. trotz Verbot ein Handy besitzen und anderen davon erzählen, agieren

Sie bald als kostenlose Privattelefonzelle.
Mein Rat: alle Menschen im Knast sind für Sie fremd und letztlich bleiben sie es auch, echte Freundschaften entwickeln sich i.d.R. nicht. Vertrauen gehört hier einfach nicht her!

Vollstreckungsblatt

Zu Beginn Ihrer Haftzeit sollten Sie sich ein Vollstreckungsblatt aushändigen lassen, Sie bekommen es auf Antrag von der Vollzugsgeschäftsstelle. Dieses Dokument gibt Auskunft über die Straftat(en) wegen der(er) Sie verurteilt wurden und die Dauer Ihrer Inhaftierung sowie mögliche vorzeitige Entlassungstermine. Bei mehreren Strafen ist auch die Reihenfolge der Vollstreckung ersichtlich.
Das Vollstreckungsblatt hilft Ihnen bzw. Ihrem Anwalt dabei, mögliche Anträge auf eine vorzeitige Entlassung rechtzeitig zu stellen. Unter den Gefangenen gilt das Vollstreckungsblatt auch als Nachweis dafür, dass man kein „Sittich“ ist. Sie vermeiden fragwürdige Diskussionen und falsche Vermutungen, wenn Sie Ihr Vollstreckungsblatt stets griffbereit haben.

Vollstreckungsplan

Nicht zu verwechseln mit dem Vollzugsplan. Im Vollstreckungsplan der einzelnen Bundesländer regelt die jeweilige Justizverwaltung die Zuständigkeiten der verschiedenen Vollzugsanstalten. Es handelt sich um ein Justiz internes Dokument, welches den Inhaftierten nicht zugänglich gemacht wird.

Vollzugsbedienstete

Gemeint sind vor allem die Beamten, mit denen Insassen regelmäßig Kontakt haben – die Abteilungsbeamten, oft auch einfach „Beamter“, „Grüner“ (wegen der Farbe der Uniform) oder „Schließer“ genannt.
Neben den direkt mit den Inhaftierten befassten Bediensteten gibt es in jeder Anstalt eine ganze Reihe weiterer Mitarbeiter, die sich

um spezielle Aufgaben kümmern. Neben Beamten sind dies auch diverse Verwaltungsangestellte.

Vollzugsgeschäftsstelle (VZ)

Die VZ ist zuständig für Fragen, die mit der Strafvollstreckung bzw. Strafzeitberechnung zusammenhängen. Auch Terminangelegenheiten werden von der VZ geregelt. In der VZ werden Lichtbilder von Ihnen angefertigt, dort bekommen Sie aber auch Unterlagen wie Haftbescheinigung und Vollstreckungsblatt.

Vollzugsplan

Der Vollzugsplan ist, gerade bei längeren Haftstrafen, extrem wichtig. Letztlich ist er richtungsweisend für den Verlauf und auch die effektive Dauer Ihrer Haft. Der VP wird im Anschluss an Ihre Behandlungsuntersuchung von Ihrem Sozialarbeiter vorbereitet und in einer Konferenz erstellt und beschlossen. Das Konferenzergebnis wird Ihnen mitgeteilt, eine Kopie des VP erhalten Sie auf Antrag.

Im Einzelnen regelt der Vollzugsplan:

- die Unterbringung im geschlossenen oder offenen Vollzug
- die Verlegung in eine sozialtherapeutische Anstalt
- die Zuweisung zu Wohn- oder Behandlungsgruppen
- den Arbeitseinsatz sowie berufliche Aus- und Weiterbildung
- besondere Hilfs- und Behandlungsmaßnahmen
- Lockerungen (!)
- Entlassungsvorbereitungen

Ich rate Ihnen dringend, an der Erstellung Ihres Vollzugsplans aktiv mitzuwirken! Halten Sie Kontakt zu Ihrem Sozialarbeiter, schildern Sie Ihre private, familiäre und berufliche Situation. Nennen Sie Ihre Wünsche und fragen Sie, was von Ihnen erwartet wird. Ihr Vollzugsplan wird in angemessenen Abständen (etwa alle 6 bis 12 Monate) „fortgeschrieben", also mit Ihrer Entwicklung und weiteren Ergebnissen der Persönlichkeitserforschung in Einklang gehalten. Nutzen Sie die Zeit zwischen den Konferenzen um an der Erreichung des Vollzugsziels mitzuarbeiten.

Vollzugsziel

§2 des StVollzG regelt das offizielle Vollzugsziel:
„Im Vollzug der Freiheitsstrafe soll der Gefangene fähig werden, künftig in sozialer Verantwortung ein Leben ohne Straftaten zu führen."
Als weitere Aufgabe des Vollzugs ist auch der Schutz der Allgemeinheit vor weiteren Straftaten festgelegt.

Wahlrecht

Natürlich dürfen Sie auch in Haft Ihr Wahlrecht ausüben, im geschlossenen Vollzug wird Ihnen dazu i.d.R. die Briefwahl genehmigt.

Waschmarke

Die Kosten für die Reinigung Ihrer Privatwäsche (im Geschlossenen hauptsächlich Sportkleidung, im Offenen „alles") müssen Sie selbst tragen. Soll oder muss die Kleidung in der Anstalt gewaschen werden, geben Sie diese zusammen mit einer Waschmarke ab, die Sie vorher über die Zahlstelle oder beim Einkauf erwerben müssen. Im offenen Vollzug stehen meist Waschmaschinen und Trockner bereit, die Sie kostenpflichtig nutzen können.

Wäschetausch

Die Ihnen von der Anstalt überlassene Kleidung und Wäsche wird in regelmäßigen Abständen gereinigt. Sie geben Ihre Schmutzwäsche ab und erhalten frische Wäsche zurück. Je nach Konzept läuft der Wäschetausch unterschiedlich ab, in vielen Anstalten hat sich ein System mit Wäschenummern und Wäschepaketen durchgesetzt. Bei diesem Verfahren tragen viele Teile Ihrer Wäsche eine für Sie vergebene Nummer und Sie erhalten alles in einem

Paket, welches mit einem Wäschegurt verschnürt ist. Genauso verschnürt geben Sie auch Ihre Schmutzwäsche ab, die Ihnen nach der Reinigung durch die Wäschenummer wieder zugeordnet werden kann. Achten Sie unbedingt darauf keine nassen Teile abzugeben – mitunter ist Ihr Wäschepaket mehrere Tage unterwegs und könnte durch Schimmelbildung Schaden nehmen. Verschließen Sie Ihr Wäschepaket fest mit dem Spanngurt, verknoten Sie diesen nicht zusätzlich! Kontrollieren Sie die zurück erhaltene Wäsche sofort und reklamieren Sie fehlende oder falsch zugeordnete Teile sofort.

Weihnachts-Amnestie

Liegt Ihr vorgesehener Entlassungstermin in den Monaten November bis Dezember, können Sie u.U. in den Genuss der sog. „Weihnachts-Amnestie“ kommen, Sie werden also womöglich einige Wochen früher entlassen. Ob die Weihnachtsamnestie für Sie in Frage kommt, besprechen Sie am besten mit Ihrem Sozialarbeiter.

Weiterbildung

Die Justiz bietet geeigneten Gefangenen eine Vielzahl an Möglichkeiten der schulischen und beruflichen Weiterbildung. Nutzen Sie diese Chancen, etwas Sinnvolles aus Ihrer Haft zu machen. Besser kann man die Zeit – vor allem im geschlossenen Vollzug – nicht nutzen. Ich selbst habe z.B. an einer Umschulung zum Industriemechaniker in der JVA Geldern teilgenommen und so bei ordentlicher Vergütung einen völlig neuen Beruf erlernt. Die Ausbildungsstätten sind sehr gut ausgestattet und die Abschlüsse erfolgen vor „ordentlichen“ Gremien, in meinem Fall durch Prüfungen vor der IHK. Facharbeiterbrief und Zeugnisse lassen nicht erkennen, dass diese Maßnahmen in Haft erfolgt sind.
Wenn Sie sich weiterbilden wollen, wenden Sie sich an den pädagogischen Dienst der Anstalt oder an Ihren Sozialarbeiter.

Wohngruppe

Vor allem im Jugendstrafvollzug, mitunter aber auch im Erwachsenenstrafvollzug werden s.g. „Wohngruppen“ eingerichtet. Es handelt sich meist um abgetrennte Bereiche mit mehreren Einzelhafträumen, deren Türen während der Freizeit unverschlossen bleiben. Die Mitglieder einer solchen Wohngruppe haben damit vermehrt die Möglichkeit, untereinander Kontakte zu pflegen und Zeit gemeinsam zu verbringen. Wohngruppenvollzug dient vor allem der Vermittlung und Erhaltung sozialer Kompetenz, also dem vernünftigen Miteinander. Eine Wohngruppe verfügt meist über eine Freizeitküche und Gemeinschaftsräume für Gespräche und andere Aktivitäten. In älteren Anstalten kommen Wohngruppen, vor allem aus baulichen Gründen, eher selten vor.

Zahlstelle

Die Anstaltszahlstelle verwaltet die Gefangenengelder. Dort werden für Sie eingehende Beträge gebucht und Ihre Überweisungen und andere Abbuchungen (z.B. für den Einkauf, Waschmarken, Telefon, etc.) bearbeitet. Die Zahlstelle verwahrt angespartes Überbrückungsgeld und zahlt Ihnen bei Ausgang, Urlaub oder Entlassung Bargeld aus. Sie ist zuständig für Ihre Fragen in Geldangelegenheiten, nicht jedoch für Taschengeldanträge – diese sind an die Arbeitsverwaltung zu richten.

Zahnersatz

Notwendigen Zahnersatz erhalten Sie im gleichen Rahmen wie gesetzlich Krankenversicherte. Wenden Sie sich an den für die JVA zuständigen Zahnarzt.

Zeitungen und Zeitschriften

Der Bezug von Zeitungen und Zeitschriften ist im angemessenen Umfang gestattet. Was „angemessen“ ist, entscheidet die Anstaltsleitung. Der Bezug einer Tageszeitung, einer Fernseh-

zeitschrift und eines Fachmagazins stellen meist kein Problem dar. Manche JVA verlangt den Nachweis, dass die Bezugskosten beglichen sind, in einigen Anstalten muss der Bezug vorher (!) beantragt und genehmigt werden. Generell sollen Zeitungen und Zeitschriften direkt über den Vertrieb in die Anstalt gelangen, manche JVA akzeptiert auch die Zusendung durch Angehörige. Bevor Sie Zeitschriften mit CD/DVD bestellen, sollten Sie fragen, ob Sie diese auch ausgehändigt bekommen – das ist nicht überall der Fall!
Übrigens: über den Verein Freiabos für Gefangene e.V. können Sie diverse Titel gratis abonnieren. Die Adresse finden Sie auf Seite 32.

Zinker

Als „Zinker" werden Gefangene bezeichnet, die andere Insassen beim Justizpersonal anschwärzen oder verraten.
Wer z.B. sein (unerlaubtes) Handy wegen eines solchen Tipps entzogen bekommt, wurde „angezinkt". Noch schlimmer ist das „Wegzinken", also ein Verrat, der zum Verlust des Arbeitsplatzes in Haft oder zur Verlegung vom offenen in den geschlossenen Vollzug zur Folge hat.
Zinker sind bei allen Gefangenen und auch bei vielen Bediensteten alles andere als beliebt.

Zugangsgespräch

Kurz nach Ihrem Haftantritt werden Sie einem Hafthaus zugeteilt und dort untergebracht. Der zuständige Abteilungsbeamte wird dann ein Zugangsgespräch mit Ihnen führen. Nehmen Sie dazu Stift und Papier mit, denn in diesem Gespräch bekommen Sie alle Informationen zum Ablauf und zur Organisation in der JVA. Fragen Sie alles, was Sie wissen möchten und lassen Sie sich gleich einige Antragsformulare (5-10 Stück) aushändigen. Wenn Sie mit Ihrer Unterbringung (z.B. in Gemeinschaft) unzufrieden sind, sagen Sie das schon jetzt! Formulare, die Sie evtl. unterschreiben, sollten Sie auch gelesen und verstanden haben! I.d.R. wird Ihnen während oder im Anschluss an das Zugangsgespräch die Möglichkeit gegeben ein Telefonat mit Ihren Angehörigen zu führen.

Zweidrittel

Es wird kaum ein Tag vergehen, an dem Ihnen dieser Begriff nicht begegnet. Gemeint ist die Möglichkeit der vorzeitigen Entlassung nach Verbüßung von 2/3 der Strafzeit. Fast jeder Gefangene versucht, „Zweidrittel“ zu bekommen, also weit vor seiner „Endstrafe“ entlassen zu werden. Den möglichen Termin für Ihre Zweidrittel-Entlassung können Sie Ihrem Vollstreckungsblatt entnehmen. Sprechen Sie rechtzeitig vorher mit Ihrem Sozialarbeiter, er wird auch die Stellungnahme der JVA vorbereiten. Die Entscheidung über die vorzeitige Entlassung trifft die zuständige Strafvollstreckungskammer am Landgericht.

Es gibt keinen Anspruch auf eine vorzeitige Entlassung!

Adressen der Justizministerien

Bundesministerium der Justiz
Mohrenstraße 37
10117 Berlin
Tel.: 0185-80-0, Fax: 0185-80-95 25

Justizministerium Baden-Württemberg
Schillerplatz 4
70173 Stuttgart
Tel.: 0711-279-0, Fax: 0711-279-2264

Bayerisches Staatsministerium der Justiz und für Verbraucherschutz (StMJV)
Prielmayerstraße 7 (Justizpalast), 80335 München
Postanschrift: 80097 München
Tel.: 089-5597-01, Fax : 089-5597-2322

Senatsverwaltung für Justiz
Salzburger Str. 21-25, 10825 Berlin
Tel.: 030-9013-0, Fax: 030-9013-2000

Ministerium der Justiz Brandenburg
Heinrich-Mann-Allee 107
14473 Potsdam
Tel.: 0331-866-0, Fax: 0331-866-3080

Senator für Justiz und Verfassung
der Freien Hansestadt Bremen
Richtweg 16-22
28195 Bremen
Tel.: 0421-361-2458, Fax: 0421-361-2584

Freie und Hansestadt Hamburg Justizbehörde
Drehbahn 36
20354 Hamburg
Postanschrift: Postfach 302822, 20310 Hamburg
Tel.: 040-42828-0 , Fax: 040-42843-4290

Hessisches Ministerium der Justiz, für Integration und Europa
Luisenstraße 13
65185 Wiesbaden
Tel.: 0611-32-0, Fax.: 0611-322763

Justizministerium Mecklenburg-Vorpommern
Puschkinstraße 19-21
19055 Schwerin
Tel.: 0385-588-0, Fax: 0385-588-3450

Niedersächsisches Justizministerium
Am Waterlooplatz 1
30169 Hannover
Tel.: 0511-120-5118

Justizministerium des Landes Nordrhein-Westfalen
Martin-Luther-Platz 40
40212 Düsseldorf
Tel.: 0211-8792-213, Fax: 0211-8792-569

Ministerium der Justiz Rheinland Pfalz
Ernst-Ludwig-Str. 3
55116 Mainz
Tel.: 06131-16-4800, Fax: 06131-16-4887

Ministerium der Justiz Saarland
Zähringerstraße 12
66119 Saarbrücken
Tel.: 0681-501-00, Fax: 0681-501-5855

Sächsisches Staatsministerium der Justiz und für Europa
01095 Dresden
Tel.: 0351-564-0, Fax: 0351-564-1599

Ministerium der Justiz des Landes Sachsen-Anhalt
Domplatz 2 - 4
39104 Magdeburg
Postfach 37 64
39012 Magdeburg
Tel.: 0391-567 -01, Fax: 0391-567-6180

Ministerium für Justiz,
Gleichstellung und Integration Schleswig-Holstein
Lorentzendamm 35
24103 Kiel
Tel.: 0431-988-0, Fax: 0431-988-3704

Thüringer Landesregierung Justizministerium
Werner-Seelenbinder-Straße 5
99096 Erfurt
Tel.: 0361-3795-000

Strafverteidiger-Verzeichnis nach PLZ

19395 **Rechtsanwälte Streit & Partner**
RA Gerd Kuhlow, Plauerhäger Str. 13, 19395 Plau am See
Tel. 038735 40226
plau@ich-habe-streit.de, www.ich-habe-streit.de
Kanzleisprache(n): Deutsch

02977 **Rechtsanwältin Katrin Kiefel**
Heinrich-Heine-Str. 6a, 02977 Hoyerswerda
Tel. 03571 978444
info@kanzlei-kiefel.de, www.kanzlei-kiefel.de
Kanzleisprache(n): Deutsch

06108 **Berndt, Schaar & Kollegen**
FAStR Johann Christoph Schaar, Marktplatz 18, 06108 Halle
Tel. 0345 2798380
sekretariat-schaar@bsk-halle.de,www.bsk-halle.de
Kanzleisprache(n): Deutsch, Englisch

06108 **Kanzlei Iffarth**
Ulrike Iffarth, Universitätsring 14, 06108 Halle
Tel. 0345 20932933
info@kanzlei-iffarth.de, www.kanzlei-iffarth.de
Kanzleisprache(n): Deutsch

06844 **Kanzlei Tamoschus Inselmann**
Sven Tamoschus, Elisabethstr. 41, 06844 Dessau
Tel. 0340 5025550
info@anwalt-dessau.de, www.anwalt-dessau.de
Kanzleisprache(n): Deutsch, Englisch und etwas Französisch.

06844 **Kanzlei Tamoschus Inselmann**
Christiene Inselmann,Elisabethstr. 41,06844 Dessau
Tel 0340 5025550
info@anwalt-dessau.de, www.anwalt-dessau.de
Kanzleisprache(n): Deutsch

10117 Bredereck Willkomm Rechtsanwälte
Alexander Bredereck, Am Festungsgraben 1,10117 Berlin
Tel. 030 40004999
fachanwalt@arbeitsrechtler-in.de,www.arbeitsrechtler-in.de
Kanzleisprache(n): Deutsch, Englisch

10119 Rechtsanwaltskanzlei Alexander Richter
RA Alexander Richter, Torstr. 61, 10119 Berlin
Tel. 030 46796674
ra_a.richter@gmx.de
Kanzleisprache(n):Deutsch

10585 Rechtsanwalt Giorgio Forliano
Giorgio Forliano,Behaimstr. 13, 10585 Berlin
Tel. 030 25092909 / 0176 61950582
kontakt@ra-forliano.de, www.ra-forliano.de
Kanzleisprache(n):Deutsch, Italienisch, Englisch

12249 Rechtsanwalt Stephan Becker
RA Stephan Becker, Dessauerstraße 22, 12249 Berlin-Lankwitz
Tel. 030 35124770
kontakt@rechtsanwalt-becker.eu, www.rechtsanwalt-becker.eu
Kanzleisprache(n):Deutsch, Englisch

15344 Rechtsanwälte Barthel & Wolf
FAStR Jens Mader, Wallstraße 5, 15344 Strausberg
Tel. 03341 382580
Mader@barthel-wolf.de,www.barthel-wolf.de
Kanzleisprache(n): Deutsch, Polnisch, Russisch, Englisch

15374 Kanzlei-Schwalbe
RA Ralf Schwalbe, Französische Str. 13,15374 Müncheberg
Tel. 03343 284440 / 0172 7888001 Notfalltelefon
info@kanzlei-schwalbe.de, www.kanzlei-schwalbe.de
Kanzleisprache(n): Deutsch

15517 Rechtsanwaltskanzlei Fachtan
Axel Fachtan, Otto-Nuschke-Straße 11, 15517 Fürstenwalde
Tel. 03361 33705
fachtan@web.de, www.rechtsanwalt-fachtan.net
Kanzleisprache(n): Deutsch, Englisch, Französisch

15711 Rechtsanwaltskanzlei England
RA England, Schloßplatz 8
15711 Königs Wusterhausen
Tel. 03375 215831
kontakt@rechtsanwalt-england.de,www.rechtsanwalt-england.de
Kanzleisprache(n): Deutsch

16225 Passoke & Paulitschke
Volker Passoke, Eisenbahnstraße 37, 16225 Eberswalde
Tel. 03334 236526
info@passoke-paulitschke.de
Kanzleisprache(n): Deutsch

18057 Schöne & Braun Rechtsanwaltspartnerschaft
Jörg Schöne jr., Barnstorfer Weg 46/47, 18057 Rostock
Tel. 0381 2529984
joerg.schoene@rechtsanwaelte-rostock-leipzig.de
www.rechtsanwaelte-rostock-leipzig.de
Kanzleisprache(n): Deutsch

19053 Rechtsanwälte Streit & Partner
RAin Rosenau, Franz-Mehring-Str. 5, 19053 Schwerin
Tel. 0385 564040
schwerin@ich-habe-streit.de, www.ich-habe-streit.de
Kanzleisprache(n): Deutsch

19370 Rechtsanwälte Streit & Partner
RA Michael Kleinschmidt, Flörkestrasse 44, 19370 Parchim
Tel. 03871 212478
parchim@ich-habe-streit.de,www.ich-habe-streit.de
Kanzleisprache(n): Deutsch, Englisch

20144 Rechtsanwaltskanzlei Braun
Alexandra Braun, Beim Schlump 58, 20144 Hamburg
Tel. 040 35709790
kanzlei@verteidigerin-braun.de, www.verteidigerin-braun.de
Kanzleisprache(n): Deutsch, Englisch

22459 Briel Anwalt
Ralph-Dieter Briel, Tibarg 40, 22459 Hamburg
Tel. 040 585898
rabriel@web.de, www.ralph-dieter-briel.de
Kanzleisprache(n): Deutsch, Englisch

23568 Kanzlei Dr. jur. Tripmaker
Dr. Tripmaker, Jahnstr. 1, 23568 Lübeck
Tel. 0451 29038280
info@anwalt-tripmaker.de, www.Anwalt-Tripmaker.de
Kanzleisprache(n): Deutsch, Englisch, Türkisch

23568 Rechtsanwaltskanzlei Süfke
Maren Süfke, Jahnstraße 1, 23568 Lübeck
Tel. 0451 29038281
recht@ra-suefke.de, www.ra-suefke.de
Kanzleisprache(n): Deutsch

24539 Steinbach & Partner GbR
Gerhard Hillebrand, Holsatenring 75, 24539 Neumünster
Tel. 04321 996522
g.hillebrand@steinbachpartner.de, www.steinbachpartner.de
Kanzleisprache(n): Deutsch, Englisch

24582 Kanzlei Jürgen Kühne
Jürgen Kühne, Rosenstraße 2 a, 24582 Wattenbek
Tel. 04322 4860
ra.juergen.kuehne@arcor.de
Kanzleisprache(n): Deutsch, Englisch

25541 Anwaltkanzlei Baumann
Ole Baumann, Koogstraße 96, 25541 Brunsbüttel
Tel. 04852 940789
info@ra-baumann.com, www.ra-baumann.com
Kanzleisprache(n): Deutsch

27570 Plöger und Ukat Rechtsanwälte
RA Alexander Ukat, Borriesstr.10, 27570 Bremerhaven
Tel. 0471 8008880
kontakt@ploeger-ukat.de, www.ploeger-ukat.de
Kanzleisprache(n): Deutsch, Englisch

27793 Musch und Delank
Joachim Musch, Delmenhorster Str.13, 27793 Wildeshausen
Tel. 04431 99040
J.Musch@musch-delank.de, www.musch-delank.de
Kanzleisprache(n): Deutsch

28195 Hannover und Partner
FAStR Armin von Döllen, Am Wall 151, 28195 Bremen
Tel. 0421 335200
ra.vondoellen@hannover-und-partner.de, www.hannover-und-partner.de
Kanzleisprache(n): Deutsch, Englisch

28203 Heberling und Keller
Tim Lorenzen, Außer der Schleifmühle 65, 28203 Bremen
Tel. 0421 160545
Lorenzen@heberling-keller.de, www.heberling-keller.de
Kanzleisprache(n): Deutsch, Englisch

33602 Rechtsanwälte Robbers Bajohr und Bartelmeß
RA Robbers, Siekerwall 8 33602 Bielefeld
Tel. 0521 170530
buero@robbers-bajohr.de, www.robbers-bajohr.de
Kanzleisprache(n): Deutsch, Englisch

33602 Schneider - Lindrath - Thenhausen
RA Dirk Thenhausen, Herforder Str. 74, 33602 Bielefeld
Tel. 0521 9670030
info@schneider-lindrath.de, www.schneider-lindrath.de
Kanzleisprache(n): Deutsch

34121 Rechtsanwälte Stalling & Koll.
Olav und Andrea Stalling, Frankfurter Straße 65, 34121 Kassel
Tel. 0561 76620424
info@ra-stalling.de, www.ra-stalling.de
Kanzleisprache(n): Deutsch, Englisch

34369 Rechtsanwälte Kersten und Hedderich
RAin Dorothee Elisabeth Kersten
Bahnhofstraße 20, 34369 Hofgeismar
Tel. 05671 99760
info@kersten-hedderich.de, www.kersten-hedderich.de
Kanzleisprache(n): Deutsch, Englisch

36304 Wachsmuth
Stephan Wachsmuth, Kaplaneigasse 4, 36304 Alsfeld
Tel. 06631 9110611
wachsmuth@rechtcentrum.de, www.rechtcentrum.de
Kanzleisprache(n): Deutsch, Englisch

39288 RA-Kanzlei Dr. Klaus Schiller
Dr. Klaus Schiller, Bruchstr. 7, 39288 Burg
Tel. 03921 982379
info@rechtsanwaelte-burg.de, www-rechtsanwaelte-burg.de
Kanzleisprache(n): Deutsch

40212 Kanzlei Spormann
FAStR Dr. h. c. Rüdiger Spormann
Königsallee 30, 40212 Düsseldorf
Tel. 0211 865000
info@spormann.de, www.spormann.de
Kanzleisprache(n): Deutsch, Englisch

40212 HWPG Heimbürger & Partner
Tom Louven, Berliner Allee 51 - 53, 40212 Düsseldorf
Tel. 0211 8632600
info@hwpg.de, www.hwpg.de
Kanzleisprache(n): Deutsch, Englisch, Russisch, Ukrainisch

42275 RAe Benninghoven, Scharf, Sewald & Rohleder
RA Benninghoven, RA Sewald, Werth 67-69, 42275 Wuppertal
Tel. 0202 7690190
info@rae-beschasero.de, www.rae-beschasero.de
Kanzleisprache(n): Deutsch, Italienisch (RA Sewald)

45130 Rechtsanwaltskanzlei Dr. Prinz
Dr. jur. Stephan Prinz, Kortumstr, 63, 45130 Essen
Tel. 0201 9596850
stephan.prinz@rechtsanwalt-prinz.de, www.rechtsanwalt-prinz.de
Kanzleisprache(n): Deutsch, Englisch, Niederländisch

49809 Bauer, Dälken und Kollegen; RAe und Mediatorin
RA Dr. Kerstin Muthers, Georgstraße 34, 49809 Lingen (Ems)
Tel. 0591 51531
muthers@bauerundkollegen.com, www.bauerundkollegen.com
Kanzleisprache(n): Deutsch, Englisch

52428 Hühne & Krapp
Jörn Hühne FAStR, Linnicher Strasse 17, 52428 Jülich
Tel.02461 4135
huehne-krapp@t-online.de, www.hühne-krapp.de
Kanzleisprache(n): Deutsch, Englisch

53225 Eimer Heuschmid Mehle
RAe und FAStR
Dr. Stefan Hiebl und Nils Kassebohm
Friedrich-Breuer-Straße 112, 53225 Bonn
Tel. 0228 466025
hiebl@ehm-kanzlei.de, www.ehm-kanzlei.de
Kanzleisprache(n): Deutsch, Englisch

53545 Rechtsanwältin Christina Braun
Christina Braun, Kirchplatz 6. 53545 Linz
Tel. 02644 601619
braunrae@t-online.de
Kanzleisprache(n): Deutsch, Englisch

53721 J.S.W. Jakobs, Schmitz, Wollweber & Collegen
RA Lohr, RA Geilen, Markt 1, 53721 Siegburg
Tel. 02241 966917 oder -966943
kanzlei@jsw-recht.de, www.jsw-recht.de
Kanzleisprache(n): Deutsch

53721 Rechtsanwalt Bernd Arnold
RA Bernd Arnold, Neue Poststraße 17, 53721 Siegburg
Tel. 02241 17140
arnold@ra-arnold.com
Kanzleisprache(n): Deutsch

55278 Berg
RA Christian Berg, Obergasse 12, 55278 Weinolsheim
Tel. 06249 905086
berg@landanwalt.de
Kanzleisprache(n): Deutsch, Englisch

56068 Ferner und Kollegen
RA Wolfgang Ferner
Josef - Görres - Platz 2, 56068 Koblenz
Tel. 0261 1349020
koblenz@ferner.de, www.ferner.de
Kanzleisprache(n): Deutsch, Englisch, Finnisch

56068 Anwaltskanzlei Grassl Monnerjahn Fensch & Koll.
FAStR Philipp Grassl
Clemensstr. 2, 56068 Koblenz
Tel. 0176 84091148
grassl@koblex.de, www.koblex.de
Kanzleisprache(n): Deutsch, Englisch, Französisch, Spanisch

56068 Anwaltskanzlei Querbach & Schmidt
RA Querbach / RA Schmidt, Gerichtsstrasse 4, 56068 Koblenz
Tel. 0261 963780
info@qs-anwalt.de, www.qs-anwalt.de
Kanzleisprache(n): Deutsch, Englisch

56068 Jung, Namislo, Zimmermann, Ketzer
Sandra Jung, Friedrich-Ebert-Ring 6, 56068 Koblenz
Tel. 0261 3002918
RAeJung@web.de, www.rheinlandkanzlei.de
Kanzleisprache(n): Deutsch, Englisch

60313 Bäcker, Baumann und Partner
RA Ulrich Baumann, Klingerstraße 24, 60313 Frankfurt
Tel. 069 92187220
ra.baumann@bbpartner.net, www.rechtsanwaelte-bbpartner.net
Kanzleisprache(n): Deutsch, Englisch

61169 Kanzlei am Adolfsturm
RA Peter Heidt, Sandgasse 2-3, 61169 Friedberg
Tel. 06031 5211 und 0171 4636925
raheidt@kanzlei-am-adolfsturm.de
www.kanzlei-am-adolfsturm.de
Kanzleisprache(n): Deutsch und Englisch

61348 Kanzlei von Harten
RA Marc von Harten, Louisenstraße 84, 61348 Bad Homburg
Tel. 0171 6916767
ra@harten.de, www.strafverteidiger-vonharten.de
Kanzleisprache(n): Deutsch und Englisch

63067 Kanzlei Kovac
FAStR Alois Kovac, Luisenstr. 81, 63067 Offenbach
Tel. 069 98194961
a.kovac@kanzlei-kovac.de, www.kanzlei-kovac.de
Kanzleisprache(n): Deutsch, Kroatisch, Englisch

63322 Müller-Scherf
C.Müller-Scherf, Paul-Ehrlich-Strasse 38, 63322 Rödermark
Tel. 06074 95025
mueller-scherf@t-online.de
Kanzleisprache(n): Deutsch

63452 Nickel Rechtsanwälte
FAStR Michael Simon, Ulanenplatz 12, 63452 Hanau
Tel. 06181 270245
simon@nickelonline.de, www.nickelonline.de
Kanzleisprache(n): Deutsch und Englisch

63452 Nickel Rechtsanwälte
FAStR Matthias Reuter, Ulanenplatz 12, 63452 Hanau
Tel. 06181 270248
reuter@nickelonline.de, www.nickelonline.de
Kanzleisprache(n): Deutsch und Englisch

63739 Kanzlei Dr. Hufnagel Rechtsanwälte
Dr. Sven Hufnagel, Frohsinnstr. 26, 63739 Aschaffenburg
Tel. 06021 21322
anwalt@dr-hufnagel.de, www.dr-hufnagel.de
Kanzleisprache(n): Deutsch

64807 Rechtsanwalt Bernd Ullrich
RA Bernd Ullrich, Frankfurterstrasse 30, 64807 Dieburg
Tel. 06071 962425
Ra.ullrich@t-online.de, www.ra-ullrich.eu
Kanzleisprache(n): Deutsch, Englisch, Italienisch

66440 Fries & Herrmann
RA Klaus Herrmann, Schloßbergstraße 2, 66440 Blieskastel
Tel. 06842 2523
kanzlei@fries-herrmann.de, www.fries-herrmann.de
Kanzleisprache(n): Deutsch, Französisch, Englisch, Russisch

67059 Strafrechtskanzlei Alexander Klein
Alexander Klein, Heinigstr, 17-19, 67059 Ludwigshafen
Tel. 0621 59122-0
Info@anwaltklein.de, www.anwaltklein.de
Kanzleisprache(n): Deutsch, Englisch, Franzosisch

68159 Fachanwaltskanzlei für Strafrecht Kling
Steffen M. Kling,H 1, 4 (Fußgängerzone), 68159 Mannheim
Tel. 0621 158090
steffen.kling@steffenkling.de, www.steffenkling.de
Kanzleisprache(n): Deutsch, Englisch, Französisch

69115 Rechtsanwälte Ferner & Kollegen
Dr. Oliver Brinkmann, Bunsenstraße 18, 69115 Heidelberg
Tel. 06221 13180
heidelberg@ferner.de, www.ferner.de
Kanzleisprache(n): Deutsch, Englisch

70173 Ferner und Kollegen
RA Giuseppe Olivo, Königstraße 26. 70173 Stuttgart
Tel. 0711 46058732
stuttgart@ferner.de, www.ferner.de
Kanzleisprache(n): Deutsch, Italienisch, Englisch, Französisch

70190 Kanzlei Heinig
Alexander Heinig, Werastraße 99, 70190 Stuttgart
Tel. 0711 2684840
info@kanzlei-heinig.de, www.kanzlei-heinig.de
Kanzleisprache(n): Deutsch

72250 Schrön - Trommsdorff - Beckert
RA Michael Doll, Schulstraße 23, 72250 Freudenstadt
Tel. 07441 91810
info@rechtsanwaelte-freudenstadt.de, www.anwalt.de/ra-stbk
Kanzleisprache(n): Deutsch, Englisch, Französisch

73312 Zerb, Pruchner-Baumann, Kempermann
FAStR Gunnar Kempermann, Bahnhofstr. 45, 73312 Geislingen
Tel. 07331 441550, info@rechtsanwaelte-geislingen.de
www.rechtsanwaelte-geislingen.de
Kanzleisprache(n): Deutsch, Englisch

76133 Ferner und Kollegen
RA Giuseppe Olivo, Kaiserstraße 38, 76133 Karlsruhe
Tel. 0721 964710
karlsruhe@ferner.de, www.ferner.de
Kanzleisprache(n): Deutsch, Italienisch, Englisch, Französisch

77815 Dr. Mayer Rechtsanwälte
Hans Busch, Eisenbahnstraße, 77815 Bühl
Tel. 07223 901912
ra-dr-mayer@dr-jur-mayer.com, www.dr-jur-mayer.com
Kanzleisprache(n): Deutsch, Englisch

78462 Anwaltskanzlei Wölcken Küntzler + Dr. Pieperhoff
RA Steffen Küntzler, Schützenstr. 16, 78462 Konstanz
Tel. 07531 22622
sk@anwaelte-im-paradies.de, www.anwaelte-im-paradies.de
Kanzleisprache(n): Deutsch, Spanisch, Englisch

79183 Anwaltskanzlei Waldkirch
RA Claudio La Malfa, Schlettstadtallee 2, 79183 Waldkirch
Tel. 07681 20010
info@anwaltskanzlei-waldkirch.de, www.anwaltskanzlei-waldkirch.de
Kanzleisprache(n): Deutsch, Italienisch, Englisch

80333 Rechtsanwaltskanzlei Dr. Walther Benno Kießel
RA Dr. Walther Benno Kießel
Theatinerstraße 44, 80333 München
Tel. 089 222868
rechtsanwalt-kiessel@web.de, www.rechtsanwalt-kiessel.de
Kanzleisprache(n): Deutsch, Englisch

82431 Anwaltskanzleien Volker Grube
Volker Grube, Kalmbachstr. 3, 82431 Kochel am See
Tel. 08851 615705
info@ravgrube.de, www.ravgrube.de
Kanzleisprache(n): Deutsch und Englisch, etwas Serbokroatisch

85229 Anwaltskanzleien Volker Grube
Volker Grube, Ludwig-Thoma-Str. 31, 85229 Markt Indersdorf
Tel. 08136 92800
info@ravgrube.de, www.ravgrube.de
Kanzleisprache(n): Deutsch und Englisch, etwas Serbokroatisch

85276 Rechtsanwälte Streit & Partner
RA Deutscher, Hauptplatz 23, 85276 Pfaffenhofen an der Ilm
Tel. 08441 277940
pfaffenhofen@ich-habe-streit.de, www.ich-habe-streit.de
Kanzleisprache(n): Deutsch, Englisch

85386 Sommer & Seitz
RA Sommer, Obere Hauptstr. 1 a, 85386 Eching
Tel. 089 31901190
info@sommer-seitz.de, www.sommer-seitz.de
Kanzleisprache(n): Deutsch, Englisch, Französisch

85435 Anwaltskanzlei Balschbach & Martin
RA Martin, Dr.-Ulrich-Weg 1, 85435 Erding
Tel. 08122 559770
ramartin@balschbach-martin.de, www.balschbach-martin.de
Kanzleisprache(n): Deutsch, Englisch

90403 Dr. Tobias Rudolph
Dr. Tobias Rudolph, Albrecht-Dürer-Platz 4, 90403 Nürnberg
Tel. 0911 9291886
RA@tobiasrudolph.de, www.fachanwalt-fuer-strafrecht.de
Kanzleisprache(n): Deutsch, Englisch, Französisch

90762 Fachanwaltskanzlei Hoepffner & Lederer
Jürgen Hoepffner, Gebhardtstr.2, 90762 Fürth
Tel. 0911 771030
sekretariat@ra-hoepffner.de, www.ra-hoepffner.de
Kanzleisprache(n): Deutsch

91052 Rechtsanwaltskanzlei Uwe Lukat
RA Lukat, Nürnberger Straße 65. 91052 Erlangen
Tel. 09131 8104620
info@rechtsanwalt-lukat.de, www.rechtsanwalt-lukat.de
Kanzleisprache(n): Deutsch

93047 Anwaltsbuero ra4me
RAin Schorn, Nadine Baumann
Maximilianstr. 17, 93047 Regensburg
Tel. 0941 46109920
mail@ra4me.de, www.ra4me.de
Kanzleisprache(n): Deutsch, Englisch

94315 Rechtsanwaltskanzlei Grabner & Coll.
FAStR Uwe D. Grabner, Stadtgraben 116, 94315 Straubing
Tel. 09421 974870
info@grabner-anwaelte.de, www.grabner-anwaelte.de
Kanzleisprache(n): Deutsch, Englisch, Französisch, Russisch

99094 Rechtsanwälte Tyroller, Rochlitz, Kretschmer
RA Stephan Rochlitz, Straße des Friedens 23, 99094 Erfurt
Tel. 0361 3477220, 0172 4454534
s.rochlitz@tyroller.info, www.tyroller.info
Kanzleisprache(n): Deutsch, Englisch

Index

A

B

G

H

I

J

K

L

M

N

O

P

R

S

T

U

V

W

Z

Neu!

- In Haft muss man sich alles gefallen lassen?
- Für Gefangene gibt es keine Rechte?
- Angehörige haben keine Möglichkeit zu helfen?

Alles falsch! Im Vollzugs-System wird Betroffenen oft vorgemacht, sie hätten alles hinzunehmen, was ihnen gesagt wird. Das dies nicht so ist, zeigen viele wichtige Gerichtsurteile, die Ihr Recht bestätigen. Dieser Ratgeber zeigt Ihnen genau, wo es lang geht und hilft Ihnen, zu Ihrem Recht zu kommen, ohne darum kämpfen zu müssen - denn meist genügt es, Bescheid zu wissen!

(Un-) Recht im Knast
Wichtige Gerichtsurteile für Inhaftierte
ISBN: 9783842354395

Ab März 2011 im Handel.